はじめに
夫62歳
妻56歳
子どものいない
夫婦です
仕事に
日々の生活に
親たちの介護に
走りまわって
いるうちに——
気がつけば
中年から初老へと
人生のステージが
移り変わっていました
腰いたい
腕上がんない〜
毛が抜けるー!
血圧高いー!

年老いて
自分のことすら
できなくなった親たちの
介護をしていて
気づいてしまったことが
あります
はっ…！
子どもがいない
自分たちには
うわぁぁぁぁ
ゴロゴロ
高齢者になった時
世話をしてくれる人間が
いないということを！
まだ
ふたりとも
動けるうちは
なんとかなっても
ひとりが
動けなくなって
残されたほうも
ボロボロだったら
どうなるの…？
ボロ…
はぁ
はぁ
どっちかが
死んだあと
残されたほうは
孤独死するしか
ないの？
だれか
助けて
くれ…
誰にも
助けて
もらえずに…

そーだなー
金さえあれば
施設にでも
なんでも入りゃ
いいけど
うち
金ねーもん
なー
ふたりとも
自由業だから
年金すら
ほとんど
もらえないんだよ！
……
……
おいおいおい
オレたち
マジでやべーんじゃねーの!?
そーだよ
やばいんだよ!!!
どーすんだよ
オレたちの
将来
真《ま》っ暗《くら》闇
だ〜〜
うおーん
泣いてる
場合じゃ
ないよ
今から
何か準備できる
ことはないか
調べてみる！
カチャカチャカチャ
カチャ
カチャ

エンディングノート
遺言書
生命保険の見直し
老前整理
健康状態の把握
財産のリストアップ
墓をどうするか
葬式は……
うへ〜
やることいっぱいあるな〜!
どうしたら少しでも安心して老後をすごせるか——
よし全部やるしかねぇな
なんの知識もない老人初心者の私たちが私たちなりに探ってみました
私たちの明日はどっちだ!?

おふたりさま夫婦、老活はじめました。

堀田あきお＆かよ

ぶんか社

おふたりさま夫婦、老活はじめました。

〜どうなる!? 私たちの老後〜

もくじ

歳をとるということは「弱者」になるということだがそれもまんざら悪くない
1.
「老後」に向き合う時がきた
オレ髪薄くなったな～
カッパみてえ…
そ…
そんなことないよ
まだ大丈夫！
今の一瞬の間が真実を物語ったぜ

髪だけじゃねーよな
この腹…
ふんっ
はっ はっ はっ はっ
ボン
ちゃんと持っててくれよ!
うん!
いちっ
にーっ
さ…
いーっ
痛《い》てーっ!! 痛てーっ!!
腹つった〜〜〜!!!
ゴロ ゴロ
大丈夫!?
救急車呼ぶー!?

なー
テレビのリモコン知らねぇ？
ボリボリ
え？知らないよ
ガチャ
私今日テレビ見てないし
くそっ
なんでねーんだよ！
バサ
ニシコリの試合始まっちまうよ！
どーせジョコビッチに負けんだろーけど
……
リモコンあったよ
えっどこに!?
冷蔵庫でキンキンに冷えてた
え〜〜〜っ!?
なんで冷蔵庫なんかに入ってんだよ！
さあ

……
オレかな…？
オレかー
まったく覚えてねーけど…
なんで冷蔵庫なんかに…
なんかオレ最近すげーボケてんな
しょぼん
物忘れも激しいし
私もよく物忘れするようになったよ
5分前のことだって忘れちゃうもん
年だからしょーがないよ
おまえとオレは6歳も違うんだぜ
オレはもうマジで年寄りなんだよ
親の介護してる場合じゃねえっての
あーあるある
焼鳥
ホッピー
赤星あります

最近固有名詞ぜんぜん出てこねーもん
人の名前とかさー
おーおまえもか!!
なんたってオレらもう60すぎだからなー
年とっちまったよな
信じらんねーけどー
そーいやオレ生前整理始めたんだ
なんだそれ?
断捨離《だんしゃり》
まだ体が動くうちに家ん中片づけて身軽にしといてくれって息子にいわれてさー
将来迷惑かけるわけにいかねーからな
………
ドサッ
出雲そば
有田みかん
有田みかん
ドサッ
何?
どしたの?

生前整理だよ
うちのいらねーものをどんどんここに入れていってあとでまとめて捨てるんだ
断捨離だね！
すごいすごい
これいらねー
ポイ
ドサッ
ドサッ
これも
へー
いらないものずいぶんあったね
ん？
んんん!?
これ全部私のものじゃんーっ!!
勝手に捨てないでよー!!!
コラコラ出したらだめでしょうが－
アキオ62歳
カヨ56歳
すでに老人の入り口に立っていることに気づいてしまった――

2. どーなってんだ!? 年金制度
終活って死ぬ前の準備 死んじまうのにね・・・
アキオが62歳になる少し前——
ねえ
アキオしゃんに年金機構からなんかきてるよ
年金？
まだ年金もらえる年じゃねーし
さっ
どーせいつもの年金額を計算したやつだろ？
じっ
ったく何度も同じよーな書類送ってきやがって
その費用を年金に上乗せしてくれってんだ
こんなんで仕事してます感出してんじゃねーっつの！
じゃ ここ置いとくよ
おー
カリ
カリ
と そのまま月日は流れ——

9カ月後
なんだこりゃ？
じーっ
ぴらっ
……
何いってるかさっぱりわかんねぇ!!
あー年金の書類か
忘れてたぜ
こーゆー時は国語のできるカヨちゃんに聞くことにしている
よろしく！
どれどれ
年金請求手続きのご案内…
本人と配偶者の身分関係を明らかに…
配偶者加給年金額は…
手帳記号番号が記載された…
ブツ
ブツ
ブツ
ブツ
ブツ
ブツ
年金の請求手続きのご案内
これは…
これは!?
窓口にいって聞かないとわからない案件!!
こんなわかりにくい書類送りつけやがって
窓口いって抗議してやる！
ちょい待ち
電話で予約しろって書いてあるよ
予約〜？

あの〜 年金請求の 書類がきたん ですけど〜
電話で アキオとカヨの 基礎年金番号を 伝え 相談の予約を取る
↑年金手帳
※住民票 印鑑 身分証明書 ご本人名義の 通帳を 持ってきて ください
はい

※申請者の状況により必要なものが違うので要確認

明日 1時だって
おー サンキュー
ピッ
市民課②
住民票 取りたいん ですけどー
はい
年金請求用は 無料です
翌日 地域の年金事務所へ
うわっ すげー 人だな
ホッタさーん 1番窓口に どうぞ!
はーい
よろしく お願いしまーす
こんにちは!!

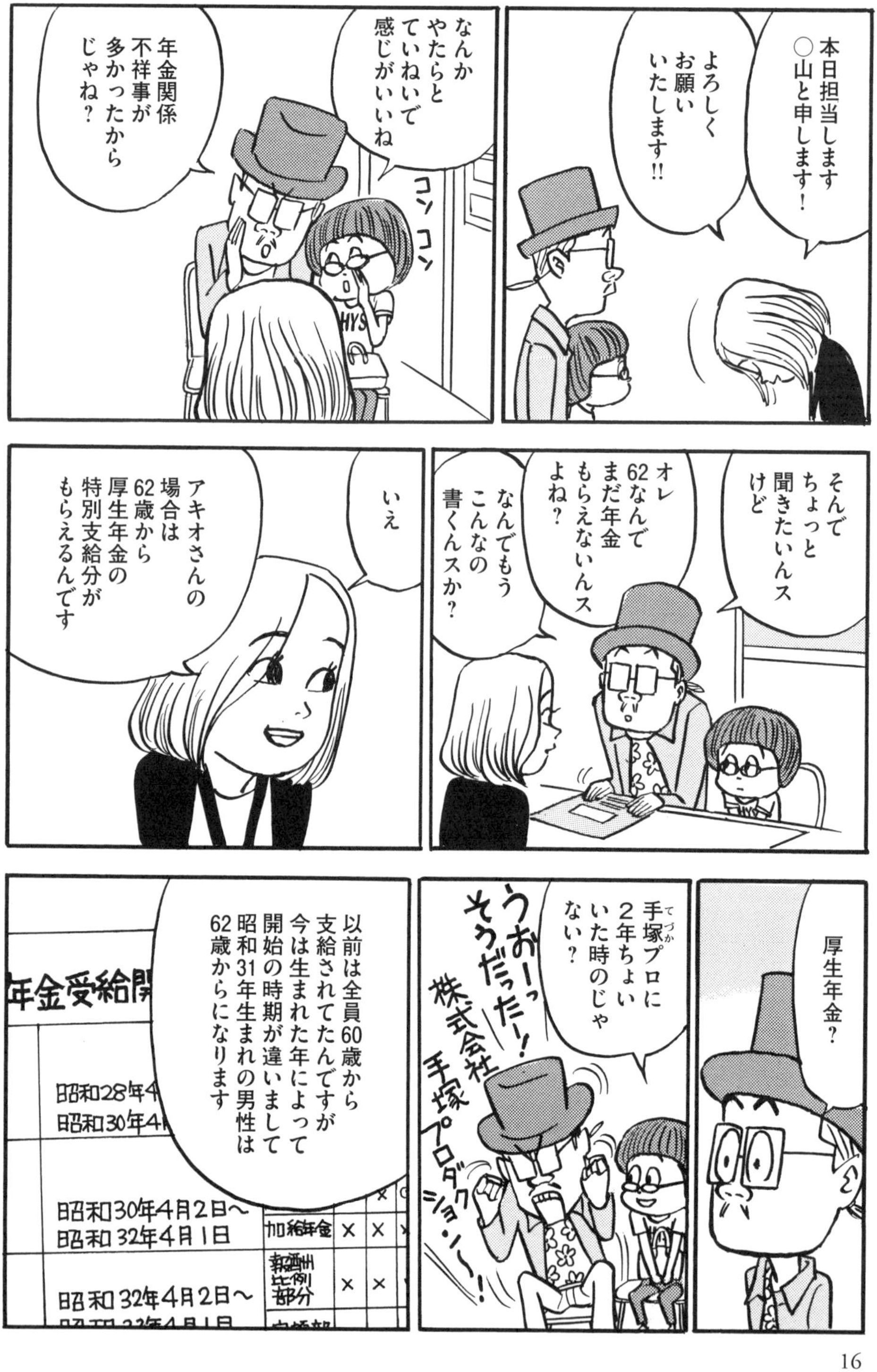
本日担当します○山と申します！
よろしくお願いいたします!!
なんかやたらとていねいで感じがいいね
コン コン
年金関係不祥事が多かったからじゃね？
そんでちょっと聞きたいんスけど
オレ62なんでまだ年金もらえないんスよね？
なんでもうこんなの書くんスか？
いえ
アキオさんの場合は62歳から厚生年金の特別支給分がもらえるんです
厚生年金？
手塚《てづか》プロに2年ちょいいた時のじゃない？
うおーっそうだったー！
株式会社手塚プロダクションノ〜〜！
以前は全員60歳から支給されてたんですが今は生まれた年によって開始の時期が違いまして昭和31年生まれの男性は62歳からになります
年金受給開
昭和28年4
昭和30年4
昭和30年4月2日〜
昭和32年4月1日
加給年金 × × ×
昭和32年4月2日〜
報酬比例部分 × ×

※請求書の提出には期限（５年）があるので要注意！

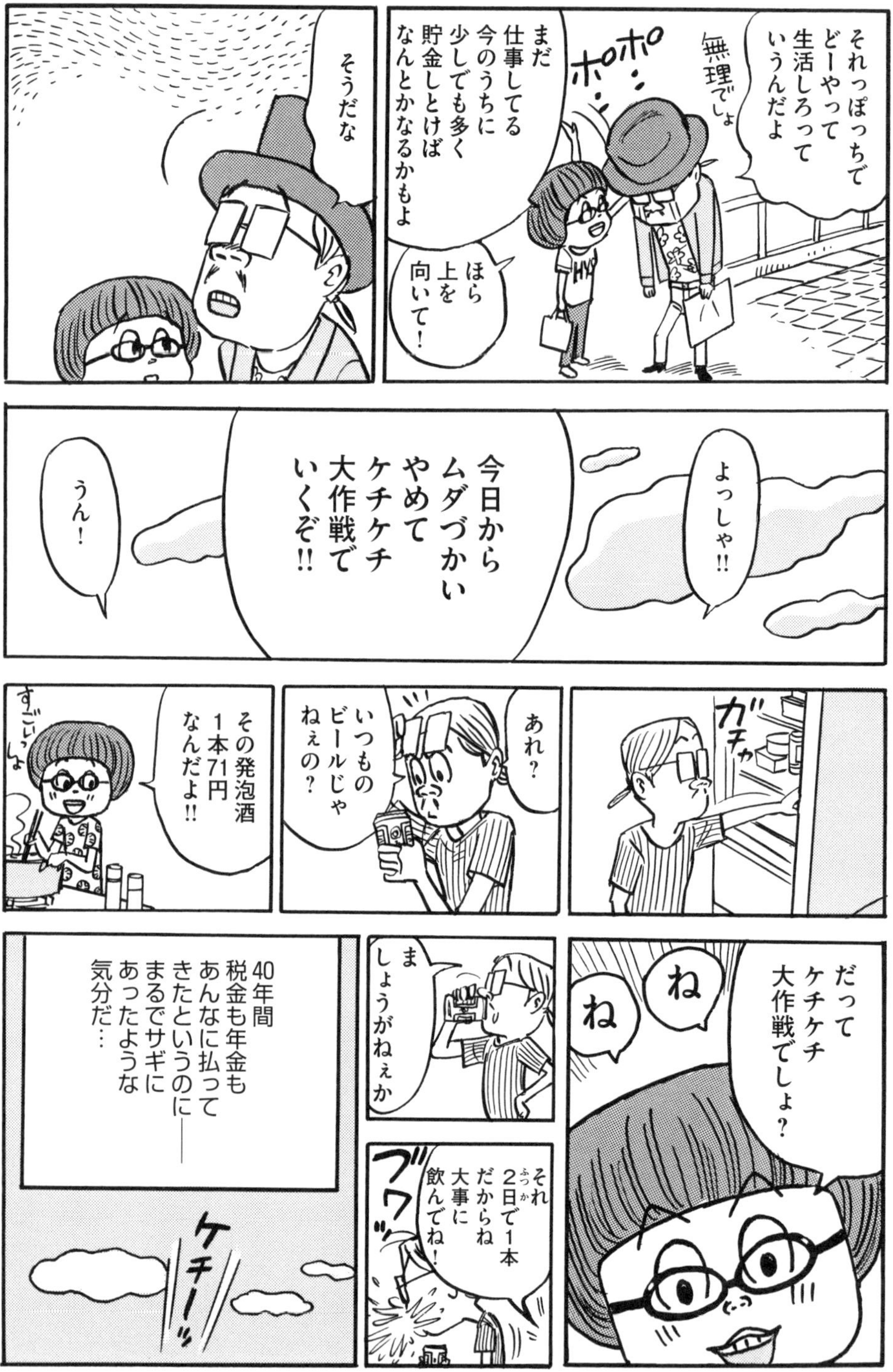

それっぽっちでどーやって生活しろっていうんだよ
無理でしょ
ポポ
まだ仕事してる今のうちに少しでも多く貯金しとけばなんとかなるかもよ
ほら上を向いて！
そうだな
よっしゃ!!
今日からムダづかいやめてケチケチ大作戦でいくぞ!!
うん！
ガチャ
あれ？
いつものビールじゃねぇの？
その発泡酒1本71円なんだよ!!
すごいっしょ
だってケチケチ大作戦でしょ？
ね
ね
ましょうがねぇか
それ2日《ふつか》で1本だからね大事に飲んでね！
ブワッ
40年間税金も年金もあんなに払ってきたというのに——まるでサギにあったような気分だ…
ケチー!!

人間 生まれたらすでに死に向っている トホホ
3.
生命保険のいる、いらない
金 ちっとも 貯まんねーな
オレたち 老後 まじで やべーぞ
うげっ
なんだ こりゃ!?
えーーっ
生命保険 毎月こんなに 払ってんのか!?
高すぎん だろ!!
年をとるに つれて 保険料が どんどん高く なっちゃうから
次の更新で また倍近く 上がるんだよ
もう やめる!!
えっ

保険なんていらねーだろ
オレが死んでもおまえならなんとか生きていけるって
えーーっ
私は漫画描けないからいきなり無職になっちゃうじゃん
貯金も年金もないのにどーやって生きていくのよ！
知らねーけどどっかで働け！
おまえは根性あるから大丈夫！
けど医療保険は必要でしょ
オレはおまえと違って病気も入院もしねーだろ
んなもんいらねーよ
医者にかかったことほとんどねーし
いやいやこれからだって
年をとってこれからあちこち悪くなるんだから
今やめてどーすんの
いいか！オレたち年金ほとんどもらえねーんだぞ！
ケチケチ大作戦！
保険より貯金だ!!
あ
そーいえば駅前に保険の相談所があったよね
私ちょっと相談してくる！

さっそく電話で予約して
わが家の保険の契約内容が
わかる書類を持って
相談窓口へ
保険相談
ふむ
ふむ
やはり年齢的にこれから病気で入院する確率が上がるでしょうから…
医療保険は残しておいたほうがいいと思います
ですよねー！
よし！
でネットを見たら定年をすぎたら死亡保険は不要っていう意見があったんですが…
どうなんですかね？
そうですねー
問題はご主人に先立たれた場合ということになるんでしょうけど
死亡保険がなくてもいい人にはいくつか条件があると思うんです
まず預貯金がたくさんある人
ほとんどないです
お子さんに面倒見てもらえる人
子どもいません
遺族年金がもらえる人
もらえないです
うち※国民年金なんで…
※国民年金の場合
子どもには遺族年金が支給されるが
妻にはない
ご自宅を売却できる人
売ったあとどこに住むんですか!?
ホームレスかよ！

私
条件
悪すぎ
っスね
そうですねー
となると…
くるっ
カチャ
カチャ
奥様の死亡保険はなくてもいいんじゃないですか?
あとはご主人の死亡保険金の額を減らせばずいぶん安くなります
こちら参考にしてください
見直し見直し
カン
カン
カン
カン
少し安くなりそうだよー!
なるほど
オレの死亡保険を大幅に減らすってことか
あと私の死亡保険はいらないんじゃないかって
えっ
そんなのダメだよ~!!
おまえ死んだらオレ仕事できねーもん
保険金なかったら生きてけねーよ
なんでよ~!
アキオしゃんは漫画描けるじゃん
ダメダメ
オレショックで仕事なんかしてらんねーって
おまえと違って生活力も根性もねえし
おまえの保険はこのままにしとこ
なっ

さっそく生命保険のいつもの担当外交員さんに電話してきてもらうことに
あの人クチがうまくて商売上手《じょうず》だからな
うまくいいくるめられないように気を引きしめていけよ！
今日はなんとしても保険料を安くしてもらうぞ!!
おーーっ！
そうですかー
うち年金も少ないし子どももいないし
保険より貯金したいんスよ!!!
なるほど
わかりました
へ…？
そんなあっさり？
ではおふたりの死亡保険の金額を大幅に減らしましょう！
そうすれば月々の支払いはずいぶん減りますよ
カチャカチャ
ははい
それでお願いします！

ニッコリ
やっぱり老後の生活が心配ですものね
それではこうしましょう
ゴンゴン
こちらは新しく出た年金型の商品でしてー
70歳から10年間月々6万円支払われて
国民年金で足りない分をこちらで補てんできれば安心ですよね
まさにホッタさんにぴったりの商品!!
では後ほど書類が郵送されますので
よろしくお願いします
バタン
たしかに生命保険の支払いは減ったが――新たに年金型の商品を契約してしまったのだ…
月づきの支払い額が変わってねーどころか増えちまったじゃねーか!!
なんかまたうまいことやられちゃった感じー

4.
死ぬ準備は大変だ!
終活とは残された人への愛情か
終活セミナー?
なんだそれ?
これから年とって死ぬのにどんな準備をしたらいいのかいろいろ教えてくれるんだって
ピラッ
終活セミ
アキオしゃんももうすぐ63歳だしそろそろ情報収集しといたほうがいいと思って
うーん
地域のタウン誌が主催のセミナーで無料なんだよ
無料?

びっしり
すげ〜満席だ〜
みごとに年寄りばっかし
あっ あそこ空いてる
てか みんな今から終活始めんの⁉って感じだな
もう ほとんど終わってねーか?
しーっ
聞こえるって!
くくく
セミナーのプログラムは
・「在宅診療について」
・「漢方による認知症《にんちしょう》の予防」
・「高齢者の資産作り」
・「墓の選び方」
・「かしこい相続・葬儀・遺品整理」
である
みなさーん「PPK」「NNK」とはなんのことかわかりますかー?
PPK
NNK

「PPK」はピンピンコロリのことで元気に長生きして病《や》むことなくコロリと死ぬこと
ふむふむ
「NNK」はネンネンコロリのことで寝たきり状態で長く生きることです
今日本人の平均寿命は女性は87・26歳男性は81・09歳ですが——
それとはべつに介護を受けたり寝たきりにならずに日常生活ができる期間をあらわす「健康寿命」というのがあるんです
実は平均健康寿命は女性は74・79歳男性は72・14歳なんです
ふむふ…
なっ
72!?
72ったらオレあと10年しかねーじゃん!!

ヨボヨボ
あと10年で介護が必要なヨレヨレじーさんになっちまうのかよ〜〜〜!!!
レーっ
レーっ
終活といってもまず何から手をつけていいかわからないかと思います
あと10年…たった10年…
ブツブツ
うんうん
まずはエンディングノートを書くことから始めてみましょう
エン…なんだ?
エンディングノートだって
エンディングノートとは自分が死んだ時や判断力や意思疎通能力がなくなった時のために自身の基本情報や要望などを書いておくノートのことだ
・延命治療をするかしないか
・死んだ時に知らせてほしい人
・葬儀と墓についての希望
・貯蓄や保険などのリスト
・相続についての希望
・家族や友人たちへのメッセージ
などなど
エンディングノートがあればあなたが突然亡くなってもご家族が困らないですみます
残される人のために書いてあげてください
なるほどー

ご来場ありがとうございました
質問コーナーはこちらでーす
いやー盛りだくさんだったねー
知らないこといっぱいあったよ
きてよかった～
おまえはいいよな！健康寿命あと18年もあって！
オレなんかオレなんか…
あれは平均だからさー
元気な人は100歳だってピンピンしてるじゃん
平均ってことはもっと短いかもしれねーんだぞ!!
あと10年だなんて…
ガックリ
聞きたくなかったぜそんな話…
前向きにいこうよ前向きに！
大丈夫だって
ポンポン
アキオしゃーん
本屋で売ってたー!!

はい
エンディング
ノート！
ちゃんと
書いてね
へー
本屋なんかで
売ってんのかー
エンディングノート
うへ～
ずいぶん
書くこと
あるな～
パラ
パラ
こんなもん
あとだ
めんど
くせー
ポイ
……
けど
もし今
オレが死んじまったら
あいつ
困るよな…
残される人のために
…か
パラッ
えーと
オレの
預金はー
そーいや
へそくりの
場所も
書いといたほうが
いいのかな…
くるっ
死んだ時に
知らせてほしい人の
リストに
昔の女の連絡先
書いたら
あいつ怒るかな～
あっ
やべービデオ
捨てとかねーと
う～～ん
なんか死ぬ準備って
大変だぜ～

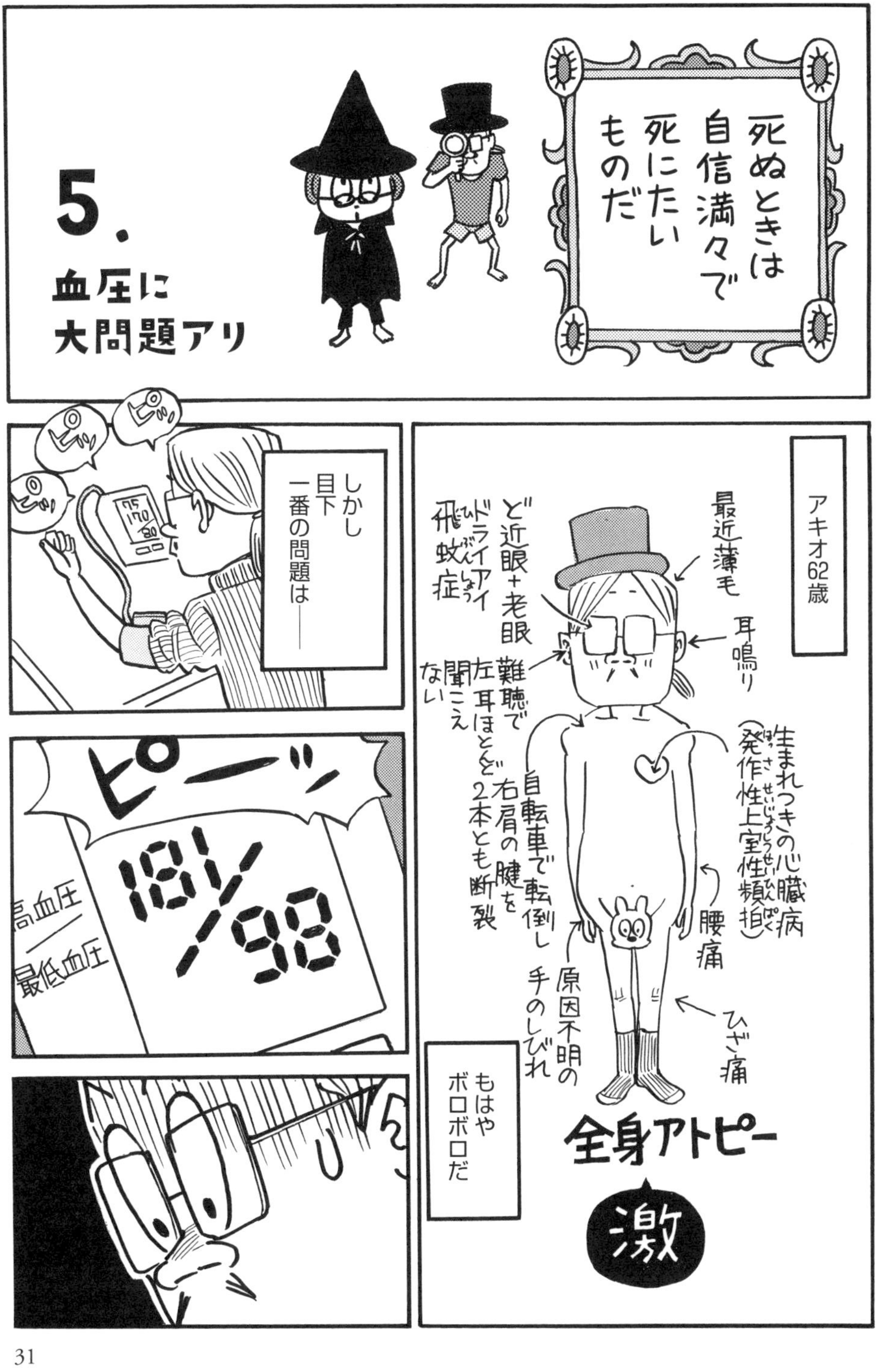
5.
血圧に大問題アリ
死ぬときは自信満々で死にたいものだ
アキオ62歳
最近薄毛
耳鳴り
ど近眼+老眼
ドライアイ
飛《ひ》蚊《ぶん》症《しょう》
難聴で左耳ほとんど聞こえない
生まれつきの心臓病
(発作《ほっさ》性《せい》上室《じょうしつ》性《せい》頻拍《ひんぱく》)
自転車で転倒し右肩の腱を2本とも断裂
腰痛
原因不明の手のしびれ
ひざ痛
全身アトピー
激
もはやボロボロだ
しかし目下一番の問題は——
ピーッ
181/98
高血圧/最低血圧

この血圧計壊れてねーか？
こんなに高いはずは…
さっき私も測ったけど壊れてないよ
おかしいな～オレ昔は低血圧《ていけつあつ》だったのに…
何十年前の話しとんねん
もともと低血圧だったアキオだが年をとるにつれどんどん血圧が上がりつづけとうとう危険域の高血圧《こうけつあつ》になってしまったのだ！
アキオが大学病院で歯の治療を受けることになり――
一応ちゃんと書いておくか
たかが歯の治療だけど
問診票めんどくせ～
心臓病《しんぞうびょう》と高血圧…と
よろしくー
そちらでお待ちください
ホッタさん
血圧測らせてください
はい
ピーッ
193/111
あれ？おかしいな
すいませんもう一回…
ピーッ
ええっ!?
えっ

ホッタさんは ここの 一般歯科ではなく あちらの スペシャルケア外来 にいってください
ス スペシャル…？
スペシャルケア外来
そこでは 寝たきりの人や 障がいのある人 暴れたり 意思の疎通ができない人 などが 治療を受けていて
ピッ
ピッ
ピッ
ウィィィーン
189 mmHg
96 mmHg
60 96
アキオはそこで 終始 血圧計をつけたまま 歯の治療をする ことになったのだ
なんで オレが こんな姿で…
ピッ
ピッ
ピーーッ
ガガガ
先生！
ホッタさんの血圧が！
危険です！
では 今日は これで 終わりに しましょう
はい…
治療 進ま ねぇ…
ただ スペシャルケア外来は 患者が少ないため 予約がとりやすく 待ち時間もなく 体調も気づかって くれて いたれりつくせりで あった
さすが スペシャル！

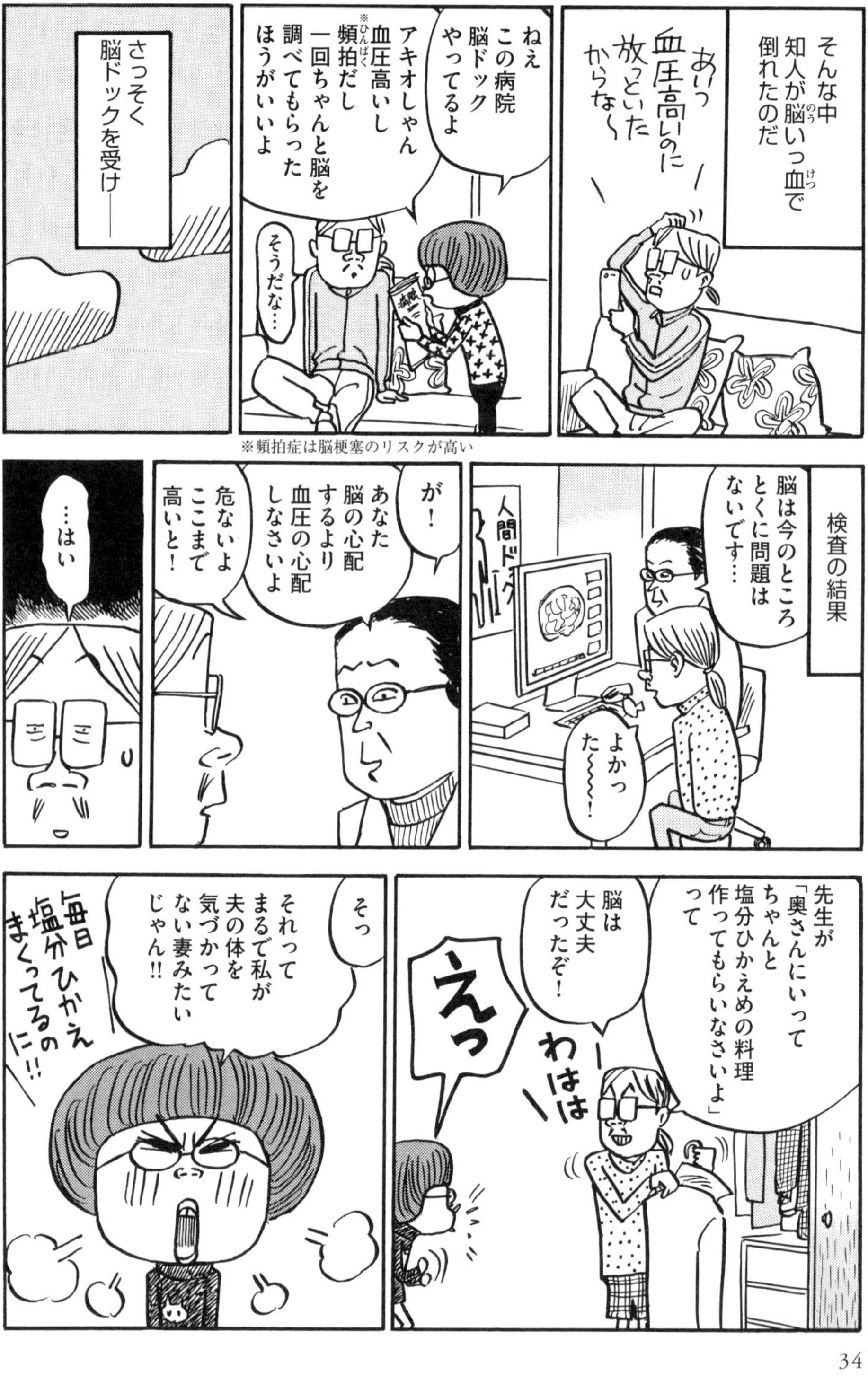
そんな中 知人が脳《のう》いっ血《けつ》で倒れたのだ
あいつ血圧高いのに放っといたからな〜
ねえ この病院 脳ドック やってるよ
アキオしゃん 血圧高いし ※頻拍《ひんぱく》だし 一回ちゃんと脳を 調べてもらった ほうがいいよ
病院
そうだな…
さっそく脳ドックを受け——
※頻拍症は脳梗塞のリスクが高い
検査の結果
脳は今のところ とくに問題は ないです…
人間ドック
よかった〜〜〜!
が!
あなた 脳の心配 するより 血圧の心配 しなさいよ
危ないよ ここまで 高いと!
…はい
先生が「奥さんにいって ちゃんと 塩分ひかえめの料理 作ってもらいなさいよ」って
脳は 大丈夫 だったぞ!
わはは
えっ
そっ
それって まるで私が 夫の体を 気づかって ない妻みたい じゃん!!
毎日 塩分ひかえ まくってるのに!!

塩分少ない塩を
さらに
ひかえめに
減塩
しょうゆも
ほんの少し
あとは
酒や香辛料で
味をひきしめて
うん
ズズ
よし！
いただき
まーす
うまそー！
薄味だけど
ダシと酸味が
効いてて
けっこうおいし…
って
おいっ
なんで
しょうゆ
かけちゃう
のよー!!
ドバドバ
それも
普通のしょうゆを!!
オレは
江戸《えど》っ子（の子ども）
なんだよ！
しょうゆが
好きなの！
しょうゆ命
なの!!
しょっぱくて
うめー
減塩料理にした
意味ないじゃん…
低血圧の
私ばかり
塩分ひかえて
どーすんのよ
薄味
おいしいのに….
もぐ
もぐ

チュン
チュン
酢タマネギは血圧下げるらしいからね
たくさん作ったからもりもり食べてね
おーっ
オメガ3《スリー》もいいらしいからアマニ油をたっぷりかけて
おーっ
アボカドもカリウム多いから一緒に食べてね
おーっ
ドボドボ
だからなんでしょうゆかけちゃうのよー!!!
血圧下げる器具買ったから!
もう食べ物じゃダメだ!!
これ毎日握ると血圧が下がるんだって
ちゃんとやってね
へーすごいな
やるやる!!
1カ月後――
ホコリかぶっとるやないかー!!
高かったのにもったいない!
私がやるか!
にぎにぎ
ちぇっ
ちっとも血圧下がんねーな
下がるわけないじゃん
ぜんぜん努力してないのに
ピーーッ
またこんな高けーよ
私も測ろっと
そしてカヨの血圧は
なんで〜
最高血圧
81
最低血圧
56
下がる一方なのだった

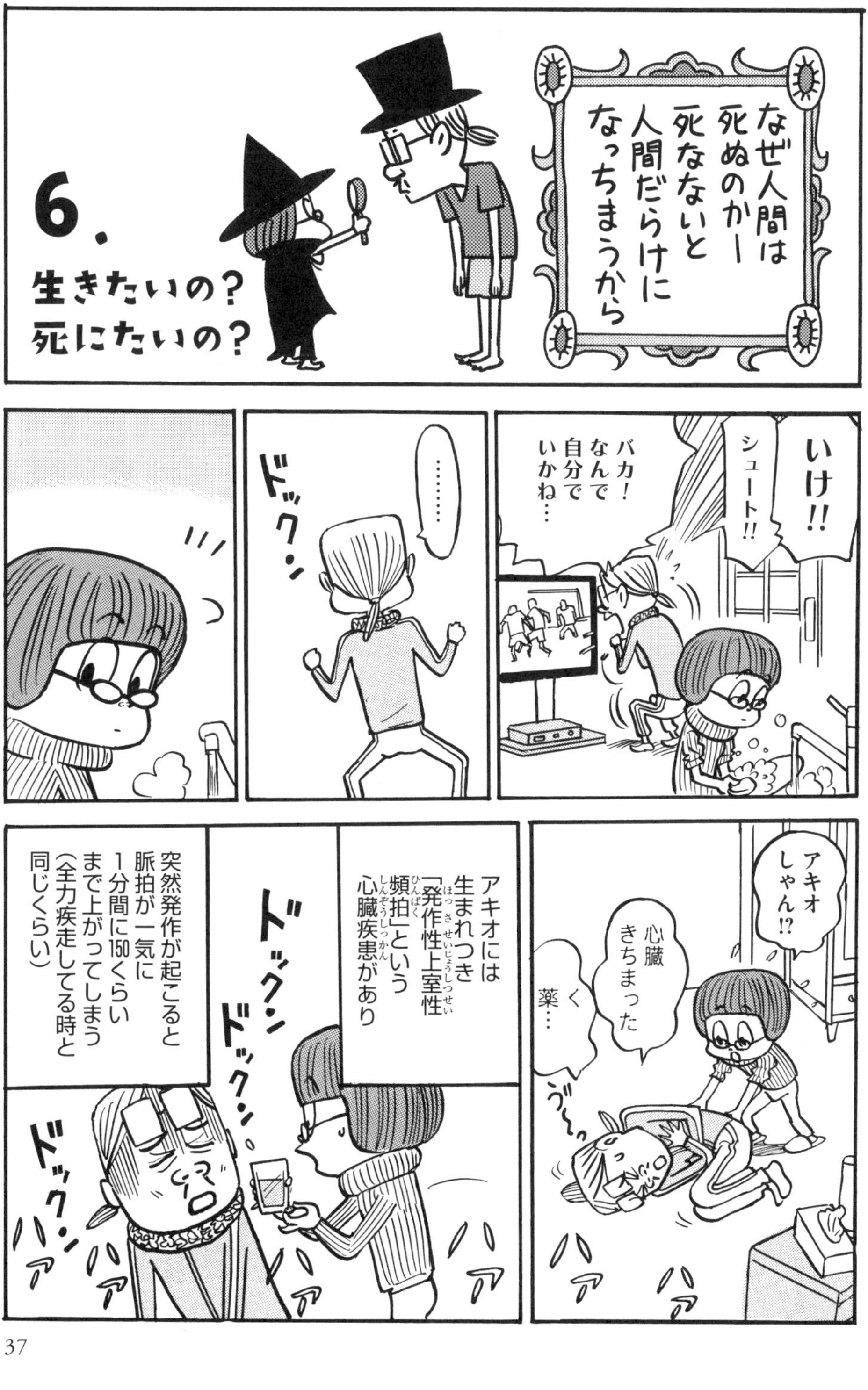
6.
生きたいの？
死にたいの？
なぜ人間は死ぬのかー
死なないと人間だらけになっちまうから
いけ!!
シュート!!
バカ！なんで自分でいかね…
ドックン
………
アキオしゃん!?
心臓きちまった
く 薬…
う〜〜
ハァ ハァ
アキオには生まれつき「発作性上室性《ほっさせいじょうしつせい》頻拍《ひんぱく》」という心臓疾患《しんぞうしっかん》があり
突然発作が起こると脈拍が一気に1分間に150くらいまで上がってしまう(全力疾走してる時と同じくらい)
ドックン
ドックン
ドックン
ハァ ハァ ハァ ハァ

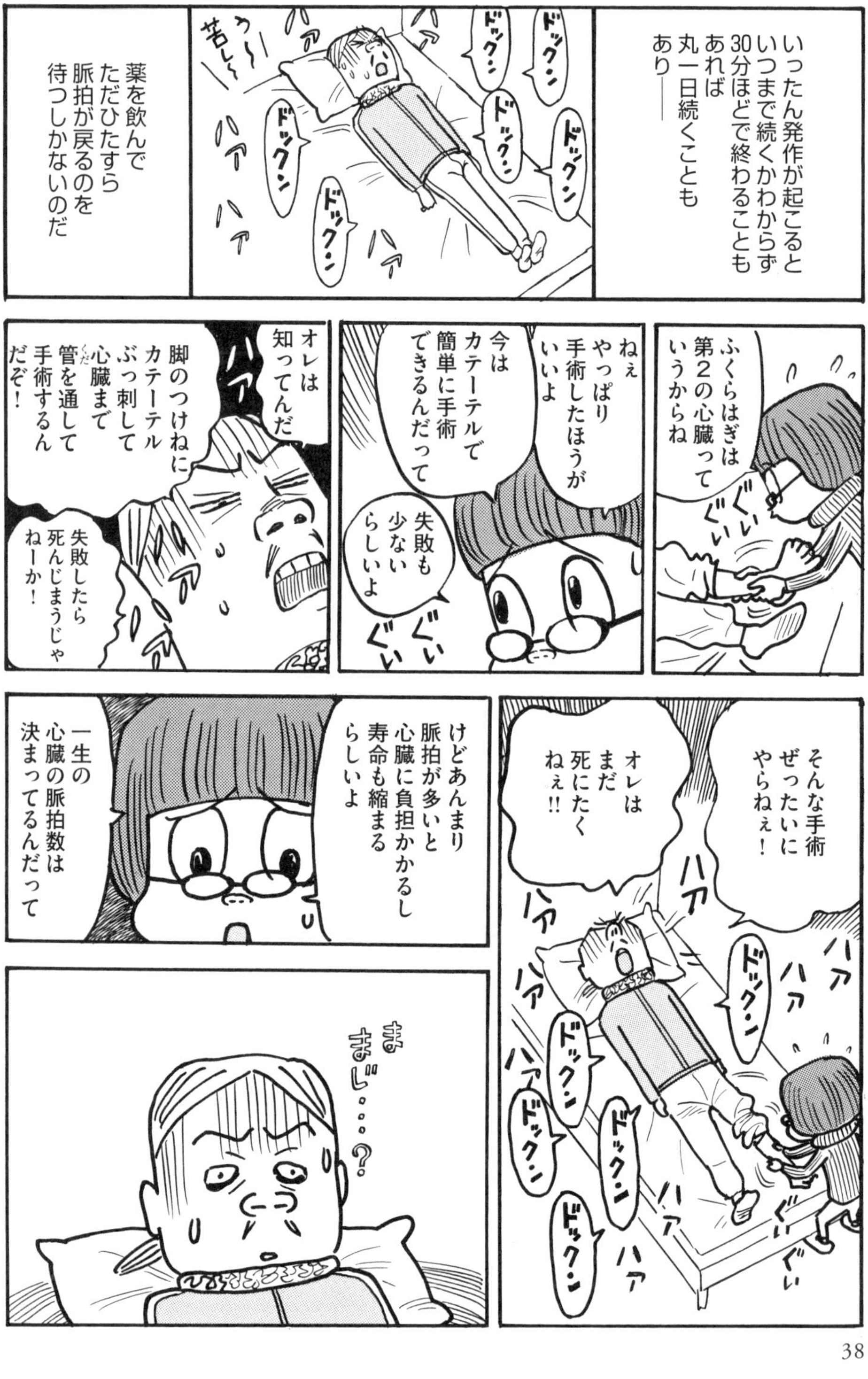
いったん発作が起こると
いつまで続くかわからず
30分ほどで終わることも
あれば
丸一日続くことも
あり――
ドックン
ドックン
ドックン
ドックン
ドックン
ドックン
ハァ
ハァ
う〜苦し〜
ハァ
ハァ
ハァ
薬を飲んで
ただひたすら
脈拍が戻るのを
待つしかないのだ
ふくらはぎは
第2の心臓って
いうからね
ぐい
ぐい
ねぇ
やっぱり
手術したほうが
いいよ
今は
カテーテルで
簡単に手術
できるんだって
失敗も
少ない
らしいよ
ぐい
ぐい
オレは
知ってんだ
脚のつけねに
カテーテル
ぶっ刺して
心臓まで
管《くだ》を通して
手術するんだぞ!
失敗したら
死んじまうじゃ
ねーか!
そんな手術
ぜったいに
やらねぇ!
オレは
まだ
死にたく
ねぇ!!
ハァ
ハァ
ドックン
ドックン
ドックン
ドックン
ドックン
ハァ
ハァ
ぐい
ぐい
けどあんまり
脈拍が多いと
心臓に負担かかるし
寿命も縮まる
らしいよ
一生の
心臓の脈拍数は
決まってるんだって
ま
まじ…?

心臓の薬が残り少なくなったので薬をもらいにかかりつけの近所の循環器《じゅんかんき》クリニックへ
あの先生毎回血圧測るんだよな～
やだな
ベコ ベコ
う～ん
やっぱりかなり高いですねぇ
年齢も年齢ですしもう血圧の薬飲みましょう
心臓にもいい成分が入ってますから
オレは知っている! 高血圧の薬は飲みはじめたら一生飲みつづけなくちゃいけねーんだ! もうやめられねーんだ!
先生あと1年!
いや半年!!
半年待ってください!!
カルテ
毎日ウォーキングして規則正しい生活して酒もやめて塩分ひかえて体重も減らします!!
半年間がんばってそれでもダメだったらその時は潔《いさぎよ》く薬を飲みます!!

う〜ん
困ったな〜〜〜
まぁ
本人が
そういうなら
仕方ないです
かね…
じゃあ今日は
心臓の薬だけ
出しておきますから
カシャ
カチャ
半年後
必ずきて
くださいね！
はい!!
が
ウォーキング
しないの？
シューズも
ウエアも
買ったのに
こういうのは
心の準備ってのが
必要なんだ
明日から
歩く！
もぐもぐ
昨日も
そう
言ってたよ…
結局
シューズもウエアも
活躍することなく…
1杯
やっか？
ドボドボ
やるやるー！
なんちゃって
あっ
また
お酒
飲んでる！
へへーん
こんな夜中に
揚げ物なんか
食べて〜
太るし
血圧上がるよ
細かいこと
気にすんな！
ギャハハ
仕事が
上がった
ごほうびなの！

歩かず
酒もやめず
夜中に食べて
さらに太り――
1年後
ぷちっ
そろそろ
また心臓の
薬もらって
きたほうがいい
んじゃない？
薬
薬
ないよ…
そーなん
だけど…
いけねーん
だよ
なんで？
だって全然
血圧下がって
ねーんだもん
今いったら
薬飲まされ
ちまうよ
心臓病は
放っておくし
血圧下げる努力も
しなけりゃ
薬も飲まない…
また酒
飲んでるし…
とり返しの
つかないことに
なったら
どーすんの！
オレはもう
死ぬから
あとは
よろしく
な！
ブチッ
バカ!!!

長生き
したいのか
早く死にたいのか
はっきり
しなさい！
生きたいなら
ちゃんと
自分の体の
管理をする
死ぬなら残される
人のために
しっかり終活
しなさい
何もしてない今の
アキオしゃんには
死ぬ権利なんて
ないんだよ！
な
ないの…？

カヨのコラム① 安心な老後って

年をとるって悲しいことだよね。
数年前くらいからアキオとそんな話をすることが多くなった。

気持ちはいつまでも若いつもりでいても、気がつけばすっかり体力も落ち、あちこち病気やら痛み・不調を抱え、思うように動けなくなっている。

頭も弱くなり、もう記憶力にまったく自信がない。
目がかすんで、字も見えにくい。
脚も弱くなり、以前のように長い時間歩けなくなった。
（おまけにただいま絶賛五十肩中で、腕をあげることすらできない！）

ただ日々生活するだけでも困難が付きまとい、おそろしく生きにくくなってしまっているのだ。
シワシミシラガ満開の、鏡の中の自分を見つめながら、いよいよ社会的弱者の仲間入りなんだなぁ、と思う。
いずれリタイアして年金暮らしになると、さらに肩身が狭くなるのかもしれない。
まだまだ元気、若いもんにゃ負けん！　みたいなことをいってる高齢者を見かけたりするが、もちろんその気概は大切なのかもしれないが、いや〜、実際はやっぱりそんなわけにはいかないでしょ。少なくとも、日がな一日、机にへばりついてる万年運動不足の漫画家夫婦には、そんな元気も気概もない。
金も社会的地位もない老人（将来の私たち）は、世の中の片隅で小さくなって生きるしかないのか……とすっかり悲しくなっていたのだ。

が、冷静になって考えて、それは違う、と思い直した。
体や頭が衰えるのは当然だし、そのために生きにくくなるのは仕方ない。でもだからといって肩身が狭い思いをする必要はないはず！
弱者が生きにくい世の中が間違っているのだ。たとえ非生産的（嫌な言葉だ……）な存在だとしても、存在する価値も権利もある。誰もが、尊重され大切にされるべきなのだ。どんな存在であっても、命に軽重はないのだから。

どんな人も（私たちも含めて）、安心して年を重ねていける世の中であってほしい。そのために、私たちは税金を払いつづけているんでしょ？
単に高齢者に限ったことではなく、ほかの社会的に弱い立場の人も、みんなが安心して暮らせる社会になってほしいと、心から願っている。

人間の細胞は生まれては死ぬを繰り返して我々は生きている
7.
1回、死んでみる!?（前編）
死ぬ準備ったって…いったい何から始めりゃいーのよ
教えてグーグル先生
カチャカチャ
ん?
んんん!?
アキオがネットでおもしろそうなワークショップを見つけて申し込んだという
ニューカン…?
入棺体験!
棺桶《かんおけ》に入るんだよ!
か
棺桶!?

生きてるうちに棺桶に入る予行演習をしておく
これぞ究極の死ぬ準備だろ!
どやっ
それっていきなり究極すぎない…?
ない!!
そうと決まればいろいろ準備しねーとな♡
いそいそ
そして入棺体験当日
楽しみだなー棺桶
ウキウキ
ちょっと怖い気もするけどね
いいか
きっと今日は本気のじーさんばーさんもいるだろうからちゃんとまじめにやるんだぞ
遊び半分じゃ失礼だぞ
そのことばそっくりそのままお返しします

会場に着いてみると――
みなさん プレートに お名前を 書いて 胸に下げて ください
本名じゃ なくて かまいません
なんと 参加者の ほとんどが 若い女性だ
みんななんで その若さで 棺桶なんかに 入りたいのかね？
わからん…
ただの 好奇心 だろ
不謹慎な！
おまけに 男 少ね～
オレ入れて たったの 3人か～
では そろそろ 始めます
まずは 自己紹介をして いただくので こちらに集まって 輪になってください
ぞろ ぞろ

では順番にお名前と今日はどちらからきたかをお願いします
あれ？
さっきの男ふたりは？
どこいった？
キョロキョロ
バタ。
坊さんだったのか!!
ってことは男はオレひとり!?
参加者はわれわれのほかには女性8人あとは女性スタッフひとりとお坊さん(本物!)がふたりである
自己紹介が終わり
ガタガタ
おーっいよいよ棺桶登場かーー!!
テンション上がるぜ!!
うひゃひゃ
もう入っていいんスか!?
いえその前にやっていただくことがあります
なんだよ〜早く入ろうよ〜

ご自身の葬儀の時
誰がどんな弔辞《ちょうじ》を
読んでくれるか
もしくは読んでもらいたいか
想像して
お手元の紙に書いてください
3分間でお願いします
どなたを
想定して
くださっても
いいですよ
ご家族
パートナー
お友だち…
ペットでも
いいです
弔辞読んで
ほしい相手か～
まあ
こんな場所で
波風たてても
しょーがねぇし
カヨってことに
するしかねーよな
えーと…
あいつが言いそうなことは～
では
これから
おひとりずつ
順番に棺に入って
横たわって
いただきます
やっと来たー!!!
あっ
そしたら
ちょっと
準備
してきて
いいスか?
え?
ええ
どうぞ
準備?
?
?
バタン

ヘっへっへー
なっ
何そのかっこう!?
せっかく棺桶に入るんだからちゃんと死体として味わいてーじゃん
正装で
本番じゃオレ死んじゃってて何もわかんねーわけだし
オレのあとおまえにも一式貸してやるよ
さあどんどんいきましょー!!
あんたが一番不謹慎だっつーの…

死んだ命は宇宙に冥伏し充分エネルギーを蓄えると又この世に生まれてくると仏はいう
8.
1回、死んでみる!?（中編）
入棺体験のワークショップに参加した
ではこれからおひとり3分ずつこの棺に入っていただきます
全長180センチ強化ダンボールに布がはってある
よっしゃー!!
入って横になったらフタを閉めます
狭くて暗いのが苦手なかたはフタを開けたままで体験していただくのでおっしゃってください
おいおいそんなヤツは入棺体験する資格ねえっつーの
ギャハハ
しーっ

すぐに僧侶による読経が始まります
宗教上の問題で読経は困るもしくはいらないというかたは賛美歌《さんびか》のテープや音楽だけを流すこともできます
せっかく本物の坊さんがいるんだから生のお経がいいよな
その手やめてよ〜
入棺の手順や注意事項の説明が続き――
読経の間さきほどみなさんが書いた弔辞を私が読ませていただきます
弔辞を読まれるのがイヤなかたは弔辞なしでもけっこうです
いよいよ体験である!
では最初のかたは――
はい
はい
はい
はい
はい
はい
じゃじゃあアキオさんどうぞ
はいっ
いい年して大人げなくてすみません…
オハズカシイ…

では
こちらを
頭にして
入ってください
そんじゃ
みなさん
お先に
逝《い》かせて
もらいます！
ひゃーっ
ドキドキ
すんなー！
よいしょ
へー
まくらが
ある！
うわ
狭《せま》っっっ!!
オレ
ギリギリ
じゃん
オレより
でかいヤツ
入れねー
じゃん
本番は
これにずっと
入ってんのかよ～
つらいな～
一日中
入ってたら
気が狂うぜ
本番は
死んでるん
だから
平気だよ
カシャ
くすくす
では布団を
かけて
フタを閉め
ますね
はい
ガタン
ひ～～～っ
真っ暗！

大丈夫ですか?
コンコン
だっ
だいじょ…
……
うわぁ
大丈夫じゃねぇよ～!!
ガタン
ガタン
今開けますから!
落ちついて!!
くっ苦し～っ
開けてくれ～!!
こんな所で死にたくねぇよ～!
ガコ
ガコ
アキオしゃん!!
ガタタン
ガバッ
うわ～!!
狭くて真っ暗で息苦しいんだよ～
ハァハァハァ
まじで死ぬかと思ったぜ
結局フタを開けたままやることに
では始めます

読経が始まり
あ〜あ〜
じっぽぉ〜
ほぉ〜かいぉぉ
じょ〜〜
さすが本物！いい声だね〜
弔辞が読まれる
「アキオへ」
ほぉ〜せっぽ〜じ〜!!
あ
アキオが書いた私の弔辞だ
どんなこと書いたんだろ
「こんなに早く逝っちゃうなんてあんたらしいね」
「あんたはこの世に天国も地獄もないっていってたからきっと今もその辺をフラフラ漂《ただよ》ってんでしょ」
な
なんだこの弔辞…
「えっ!? これからずっと私のそばを漂って私を守るって!?」
「勝手に死んどいてよくいうわ!!」
とんじんちん
「ふたりで作りあげてきた世界は私ひとりじゃ守れないからね」
「だからもう私はひとりで勝手に生きていくよ」

「ふたりの世界は今日でもうおしまい」
「チャオ!!」
プ プー
私がこんなイカレた弔辞書くわけないでしょ!!
私のことどんな人間だと思ってんのよ!!
なにがチャオやねん!!
なーむあーみだー
チン チーン
これで終わりです
足元に気をつけて出てください
むっくり
お帰りなさい
ありがとうございました
帰ってまいりました
オレなんかすげー厳粛《げんしゅく》な気持ちになっちゃった…
じーん
あんな弔辞で!?
入棺体験はまだ続く――

9. 釈迦一人が説いた仏法がなぜこんなにたくさんの宗派があるんだ？

1回、死んでみる!?（後編）

入棺体験
次はカヨの番だ
これ着るか？
気分盛り上がるぞ!!
いらない！
棺に横たわる
けっこう寝心地いいじゃん
フタが閉まり
ガタ
ガタ
ほんと真っ暗だ
コン
コン
大丈夫ですか？
はい
読経が始まる
どぅう〜
じぃぃぃぃ
にょーらい
じょー
すごい！
棺の中でもよく聞こえる！

そぉーしーじょーー
なんだか心が静まる…
気持ちいい…
「カヨへ」
あ 私が書いた弔辞だ
「ずっと一緒に生きてきたな」
「生活も仕事も遊びもいつも一緒だった」
「子どもがいない分お互い向き合って同じ時間をすごしてきたんだ」
「旅もたくさんしたよな」
じょおーじゅーー
そうーっうーう
うんそうだね…
ほんとにいつも一緒だったね…

「おまえが先に逝くとは思わなかったけど…あとからいくからまた一緒に遊ぼう！旅をしよう！」
「おいカヨ！」
「どうもありがとう！またな！」
チー
チーン
お帰りなさい
ありがとうございました
自分で書いた弔辞にしみじみしちゃったよ
てへへ
うっうっなんだよオレをおいて先に死ぬなよ～
って泣いてんの!?
うお～ん

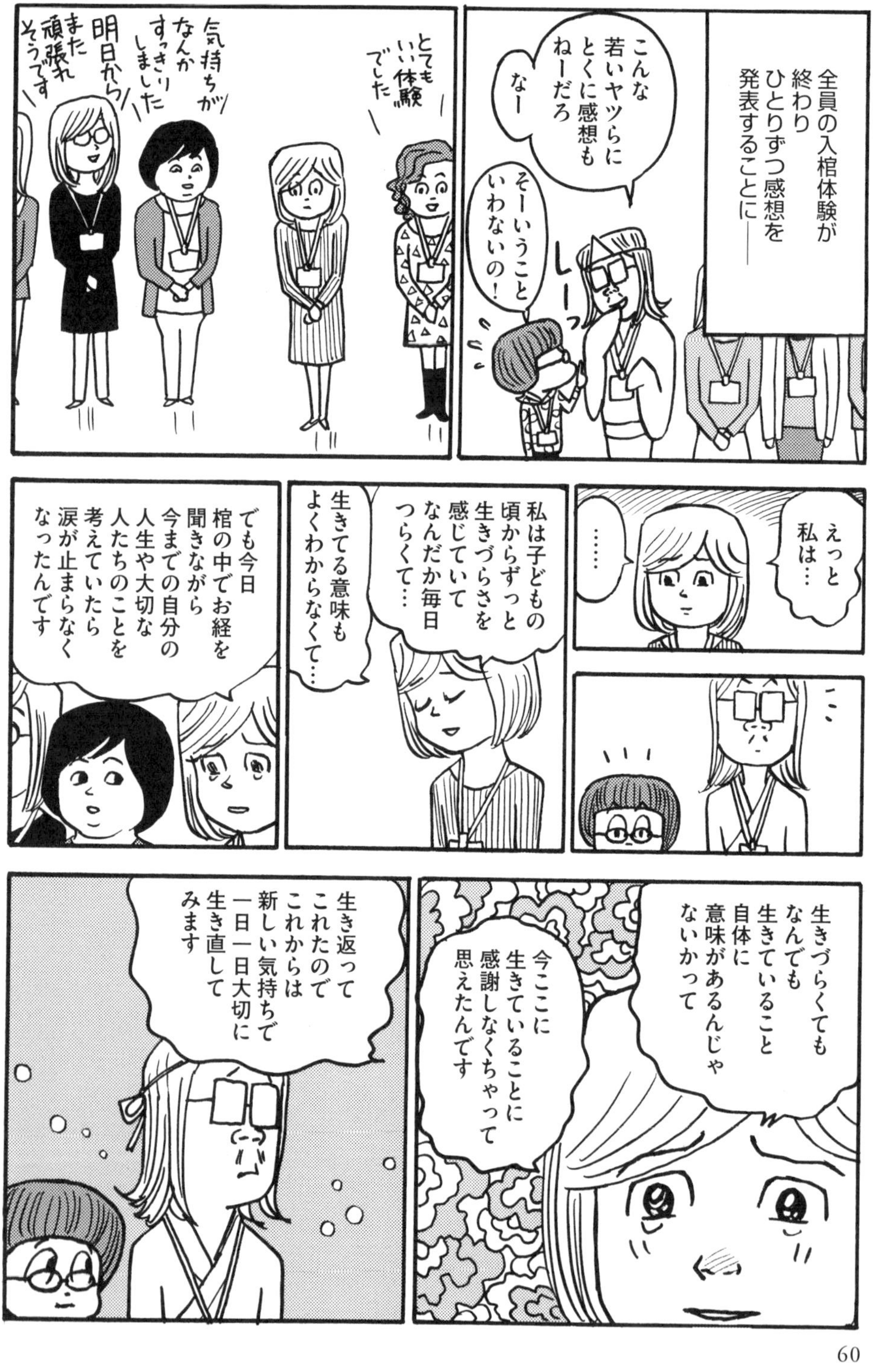

全員の入棺体験が終わり ひとりずつ感想を発表することに――
こんな若いヤツらにとくに感想もねーだろ
なー
しーっ
そーいうこといわないの！
とてもいい体験でした
気持ちがなんかすっきりしました
明日からまた頑張れそうです
えっと私は…
……
私は子どもの頃からずっと生きづらさを感じていてなんだか毎日つらくて…
生きてる意味もよくわからなくて…
でも今日棺の中でお経を聞きながら今までの自分の人生や大切な人たちのことを考えていたら涙が止まらなくなったんです
生きづらくてもなんでも生きていること自体に意味があるんじゃないかって
今ここに生きていることに感謝しなくちゃって思えたんです
生き返ってこれたのでこれからは新しい気持ちで一日一日大切に生き直してみます

すがすがしい笑顔の人や感極まって泣き出す人もいて――
なんだよ若者もいろいろ抱えてつらいんだな…
若者だからこそつらいんだよ
よかったらおじさん相談にのるぞ
案外オレたちが一番切実じゃなかったみたいだな
こんなカッコしちゃってすいませんス…
ほんとだよ!
みなさん棺の中でもお経や弔辞の声がよく聞こえたと思います
実際棺の中でご遺体の鼓膜《こまく》もちゃんと震えているといいます
ですから私はいつも棺の中の人にしっかり届くようお経をあげさせていただいてるんです
意識なくてもちゃんと聞こえてるのか～!
すげーな死体!
死んでるからってめったなこと言えねーな
しーっ
どうもありがとうございました
お疲れさまでした

1回死んで蘇《よみがえ》ってきた
若い人たちはこれからも生きていくために1回棺に入って新しく生き直したかったのかもね
まだまだ先が長いから
先がそう長くねぇオレですらこの世でもっとがんばって生きなくちゃって思ったからな
ってことはこれって「終活」じゃなくて生きるための活動――「生活」だったたってことだね！
あはは
なにうまいこと言ってんだ
よりよく死ぬための「終活」って
よりよく生きるってことなんだよ
きっと
最期の日まで「終活」は続く

10. 今すぐ書くべし遺言書(前編)

ダンナが死んだあといろんな手続きが大変だったよ～
そうなんだ…
アキオが死んだらわが家はどうなるんだ?
カチャカチャ
ん?
子供のいない夫婦は今すぐ遺言書を書くべし!!
子どもがいる夫婦だとたとえば夫が死んだらその家の財産は妻と子どもが相続するわけよ
ふんふん
くっちゃくっちゃ
なのに子どもがいない夫婦では違うんだって!!
へ?

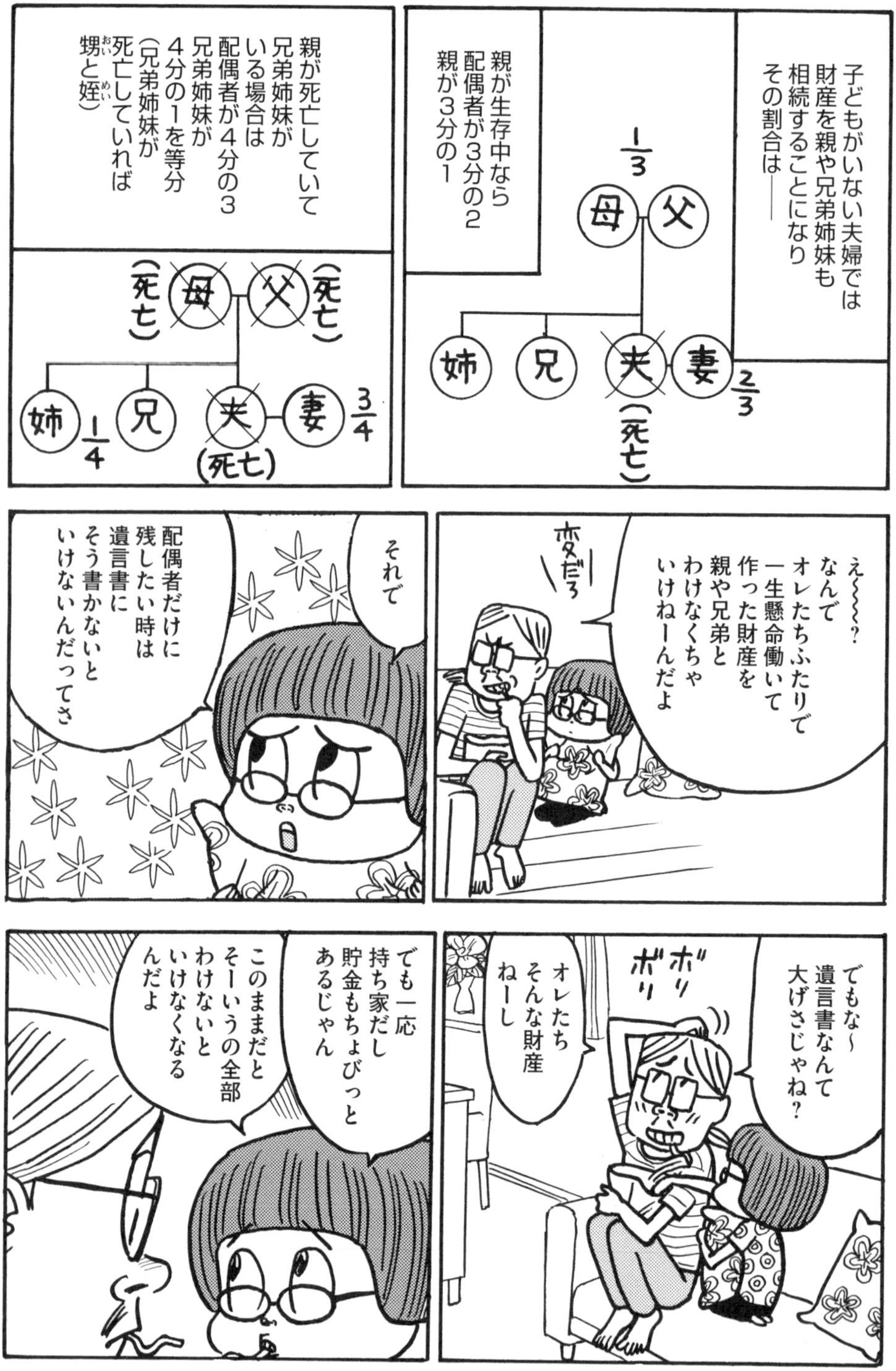

子どもがいない夫婦では
財産を親や兄弟姉妹も
相続することになり
その割合は——
親が生存中なら
配偶者が3分の2
親が3分の1
1/3
母
父
姉
兄
夫
妻
2/3
(死亡)
親が死亡していて
兄弟姉妹が
いる場合は
配偶者が4分の3
兄弟姉妹が
4分の1を等分
(兄弟姉妹が
死亡していれば
甥《おい》と姪《めい》)
(死亡)
母
父
(死亡)
姉
兄
夫
妻
1/4
3/4
(死亡)
え〜〜〜?
なんで
オレたちふたりで
一生懸命働いて
作った財産を
親や兄弟と
わけなくちゃ
いけねーんだよ
変だろ
それで
配偶者だけに
残したい時は
遺言書に
そう書かないと
いけないんだってさ
でもな〜
遺言書なんて
大げさじゃね?
ボリ
ボリ
オレたち
そんな財産
ねーし
でも一応
持ち家だし
貯金もちょびっと
あるじゃん
このままだと
そーいうの全部
わけないと
いけなくなる
んだよ

うちの家族は みんな いらないって いうよ
おまえんとこ だって そんな 欲張りじゃ ねーだろ
大丈夫だよ
たとえそうでも 銀行預金 引き出すのに いちいち 相続人全員の 同意が必要に なるんだって
私が死んだら アキオしゃんは うちの親ふたりから 同意のハンコ もらわないと いけないんだよ
くっちゃ くっちゃ
ハンコって 何だ…？
？
お義母さん オレのこと わかりますか？
う～ う～
そりゃ 無理だ…
うちの親が 死んでたら 私の弟が 相続人になる んだけど
あいつ 今は独身だけど いきなり すごい欲張りな人と 結婚しちゃうかも しれないよ～
そしたら 面倒だよ～
くっちゃ くっちゃ
くっちゃ くちゃ
あたりめ
もらえる もんは 全部 もらう!!
うーん
くっちゃ くっちゃ
ないとは いえないか…
よし わかった!
遺言書 書く!!

自筆証書遺言

メリット

・費用をかけず
　いつでも手軽に作れる
・内容を他人に知られない
・気軽に何度でも
　作り直せる

など

デメリット

・内容や形式に間違いが
　あると無効になる
・紛失したり
　誰かに破棄される
　おそれがある
・相続するには
　家庭裁判所の検認が
　必要
　(手続きの実行までに
　時間がかかる)

など

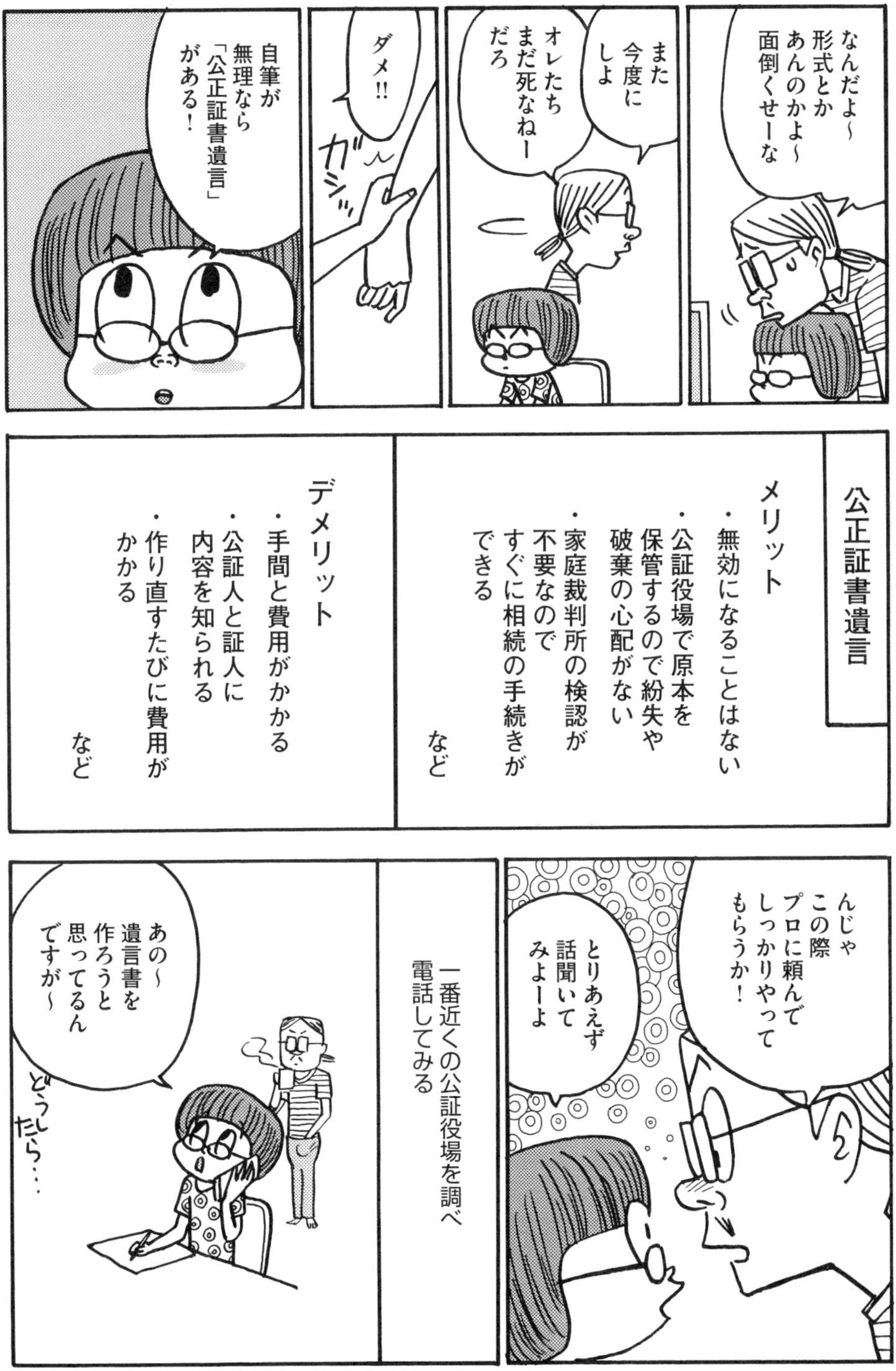

なんだよ～ 形式とか あんのかよ～ 面倒くせーな
また 今度に しよ
オレたち まだ死なねー だろ
ダメ!!
ガシッ
自筆が 無理なら 「公正証書遺言」 がある！
公正証書遺言
メリット
・無効になることはない
・公証役場で原本を 保管するので紛失や 破棄の心配がない
・家庭裁判所の検認が 不要なので すぐに相続の手続きが できる
など
デメリット
・手間と費用がかかる
・公証人と証人に 内容を知られる
・作り直すたびに費用が かかる
など
んじゃ この際 プロに頼んで しっかりやって もらうか！
とりあえず 話聞いて みよーよ
一番近くの公証役場を調べ 電話してみる
あの～ 遺言書を 作ろうと 思ってるん ですが～
どうしたら・・・

では
遺言者本人の
印鑑登録証明書と
固定資産税の
評価証明書――
あと銀行などの
預貯金の支店名と
口座番号を
メモ書きでいいですから
用意してお越しください
持っていくもの
印鑑登
評価証明書…？
ってなんですか？
固定資産税の
払込用紙に
一緒に付いてます
じゃ
明後日の
11時に
はい
公証役場に
予約完了！
あれ〜〜〜!?
固定資産税の
用紙がない〜!!
どこ
しまったっけ!?
印鑑登録の
カードも
ねぇぞ!!
おまえどこ
やったんだ!?
ちゃんと整理整頓
しとけよ!!
バサッ
ガタ
ガタ
私
遺言書もきっと
紛失するわ…
うちみたいな
だらしない家は
公正証書にして
正解かもね
いざ公証役場へ！
ハァ
ハァ

金持ちも美人も皆死んでいく死はすべてに平等である
11.
今すぐ書くべし遺言書(中編)
いざ公証役場へ!
公証役場
なんか緊張するね
どうぞお気軽にお入り下さい
ほれ「お気軽に」って書いてあるじゃんか
ガチャ
べつにこんなとこ…
じろり…
あ あの あの
11時に予約したホッタですけど…
そこにかけてお待ちください

「こんにちは」も「いらっしゃいませ」も愛想のひとつもねーのな
気軽になんて入れないよね
ビビるっつーの
ヒソ ヒソ
ではこちらにどうぞ
はい
どうもお待たせしました!
公証人※の松田《まつだ》です!
どうぞおかけください!
うってかわって公証人は元気で気さくな感じだ
よろしくお願いします
今日はどなたの遺言書を作るんですか?

※裁判官・検察官・弁護士・法務局長など長年法律の仕事をしていた人の中から法務大臣が任命する

え
あ あの…
うちは子どもがいないのでお互いが遺言書を書いたほうがいいと聞いて…
しどろもどろ
大丈夫か?
なるほど
では「どちらかが亡くなった時に相続でもめないようすべての財産を配偶者に残す」ということでよろしいですか?
そっ そうです! そのとおりです!!
さすが頭いいな
コツ
しっ

まずは名前と職業家族などについて聞かれる
アキオさんのご職業は？
漫画家です
えっ漫画家？
ほーそーですか
漫画家と…
アキオさんのご両親は？
父は死んで母だけです
ご兄弟は？
兄と姉です
カヨさんは？
両親と弟です
アキオ
母
父
兄
姉
アキオ
カヨ
母
父
弟
カヨ
予備的遺言はどうしますか？
よ予備…？
っていうのは…？
どちらかが亡くなったら残された方が財産を相続するわけですが
残された方も亡くなられた時に誰に相続させるかをあらかじめ決めておくことです
たとえばご兄弟とか甥姪《おいめい》もしくはお世話になった人とかー
いや～
まだそこまでは…
では今回は予備的遺言はなしですね
かきかき

今日は
印鑑証明などを
お持ちいただいて
ますか？
バサ
はい
印鑑証明と
評価証明書
預貯金の口座の
メモ書きを
持ってきました
こちらは
一戸建て
ですかね
そしたら
登記簿もとって
いただかないと
いけないいんですがー
えっ
法務局
行かないと
ダメだね
また出なお
ヒソ
ヒソ
そうか
うちで
とれますが
とっちゃい
ますか？
費用は
350円です
じゃあ
お願いします!!
よかった～!!
これ
登記簿
とって
はい
ピラッ
はい
とれま
した
えっ
もう!?
さすが
公証役場!!

ほかに債券などはお持ちですか？
債券はないんですけど生命保険はどうなりますか？
死亡保険は受取人が決まっているので問題ないのですが
医療保険は受取人がご本人なので遺言書に書いておいたほうがいいですね
念のために証書持ってきてよかった～
これ保険の証書です
ではコピーをとらせてください
それでー
預貯金は今の段階でそれぞれどのくらいありますか？
ざっとでいいです
えーとアキオが…
ばっ
1千万くらいですね!!
えっ!?
カヨはちょっと少なくて800万くらいかなー!!
ちょちょっ
うちそんなに
うるさい!!
へへへ
ふがふが
ふがふが

ではこれから遺言書の下書きを作り
でき次第郵送します
トントン
下書きを受けとられたら間違いがないか確認してお電話ください
間違いがなければ正式な遺言書を作成します
はい
よろしくお願いします
こうして遺言書作成の依頼は終了――
ちょっと！なんであんなウソいったのよ!!
うちそんなに貯金ないじゃない!!
売れない漫画家だからってなめられたら困るだろが!!
おめーには男の見栄ってもんがわかんねーのか!?
財産が多ければ多いほど手数料が高くなるんだよ!!
えっ!?
マジ!?
なんでそれを早くいわねーんだよー!!
私のクチふさいでたでしょ!!
バカである…
え〜〜〜ん

12.
人生に限りがあるからがんばれるしめ切があるからマンガができる
今すぐ書くべし遺言書（後編）
公証役場に遺言書を依頼——
4日後に原案（下書き）が届いた
原案受けとりました
間違いはなかったです
ピッ
ピッ
では15日の11時に
よろしくお願いします
ペコ
ピッ
ピッ
作成日の予約を入れる
うへ〜っ
費用全部たすと10万近いじゃねーか
高《た》け〜〜〜!!
手数料は、アキオ様
証人の謝礼1万８００
登記情報代６７０円か
なります。
作成希望日が決まっ
お二人の実印と上記
費用の内訳は公証人手数料と証人2名への謝礼ほかに用紙代と登記情報代だ
あんたが見栄《みえ》はってうちにたくさん貯金があるなんていったからでしょーが
やっぱ自筆遺言のほうがよかったのかな〜
いや！
なくす心配ないし家庭裁判所にいく必要ないしこっちのほうがいいんだよ！

実印と費用(現金)を持って再び公証役場へ
相変わらず愛想ないいね
二度目だからもうビビんねーよな
くくく
用意できましたので
まずはアキオさんからあちらに
えっ別々!?
オレたちいつも一緒なんで
一緒にやってほしいんスけど
別々に作りますのでアキオさんおひとりでお願いします
じゃじゃあおまえからいけ!
大丈夫だって
ほら
あっ
グレィっ
ひ~~~ん
ぎくしゃく
ビビリすぎやろ…
しばらくして——
ご主人が終わりましたのでどうぞ
はい

あ
大丈夫だった？
ったりめーよ
あんなにビビってたくせに
パコ
よろしくお願いします
どうぞおかけください
まずこちらが本日証人としてお願いしたおふたりです
佐藤です
よろしくお願いします
内田と申します
遺言書の作成には2名以上の証人※が必要で自分たちで友人・知人などに依頼することもできるがわれわれは財産を人に知られるのがイヤだったので公証役場に紹介してもらった（有料）
家庭問題相談センターのボランティアの人たちかー

※成人で遺言内容と利害関係のない人に限る

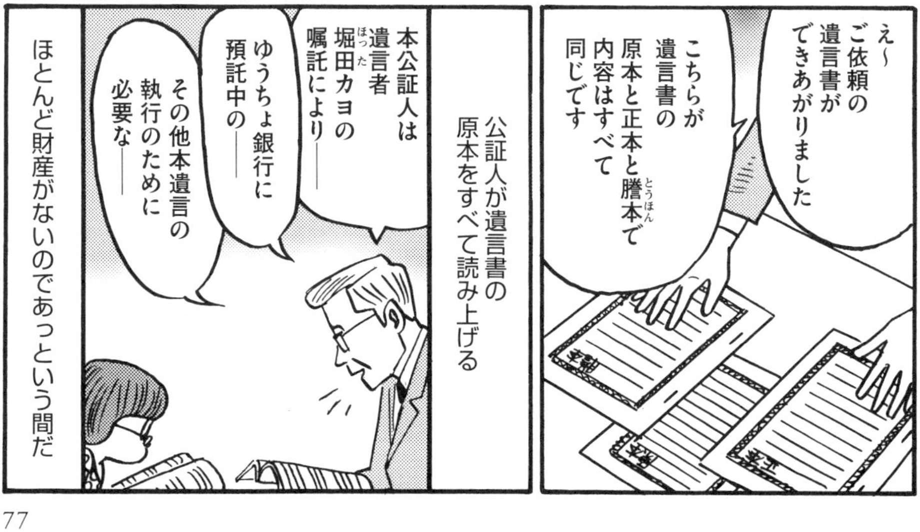
え〜ご依頼の遺言書ができあがりました
こちらが遺言書の原本と正本と謄本《とうほん》で内容はすべて同じです
公証人が遺言書の原本をすべて読み上げる
本公証人は遺言者堀田《ほった》カヨの嘱託により――
ゆうちょ銀行に預託中の――
その他本遺言の執行のために必要な――
ほとんど財産がないのであっという間だ

以上です
問題なければこちらにご署名いただけますか
はい
署名・押印して原本が完成！
はーっ
アキオもまた呼ばれる
こちらの原本は公証役場で保管して
正本と謄本をお渡しします
不動産の登記簿の写しも付けておきますね
これは謄本と一緒に保管しておくといいと思います
所在
①地番
②地目
宅地
遺言書の場合正本と謄本は効力は同じだがなぜか銀行では正本を見たがるらしい法務局は謄本でも大丈夫なので不動産の名義変更に謄本を使うといいとのことだ
これですべて終了ですが何かわからないことありますか？
あの〜どっちかが死んだ時まずはどんな手続きをしたらいいんですか？
いやとくに手続きはないですよ
公証遺言は自筆と違いもう裁判所も法務局も関係ないですから
お渡しした正本と謄本を使ってすぐに財産の名義変更ができます
公証役場への連絡も不要です

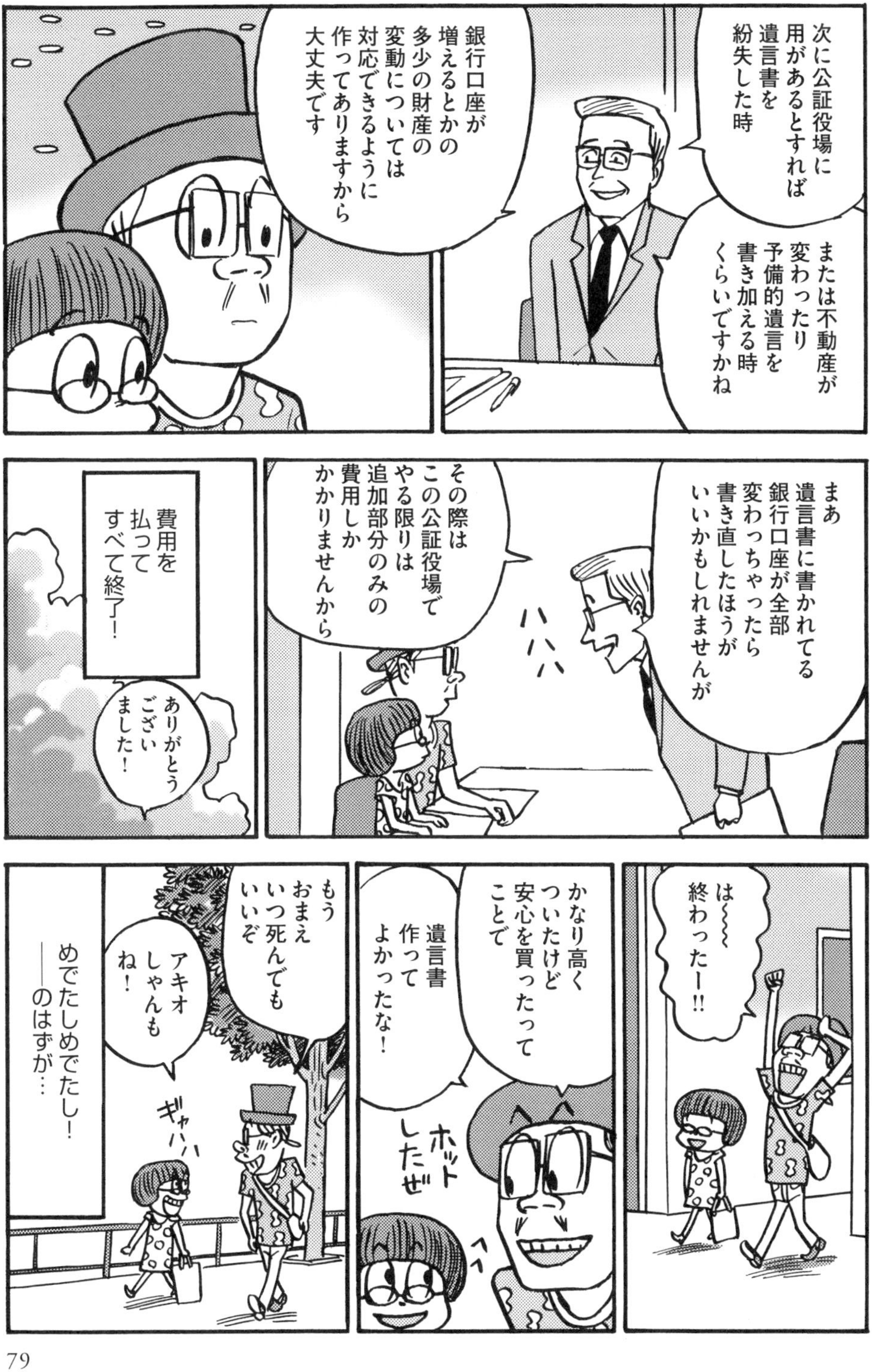
次に公証役場に用があるとすれば遺言書を紛失した時
または不動産が変わったり予備的遺言を書き加える時くらいですかね
銀行口座が増えるとかの多少の財産の変動については対応できるように作ってありますから大丈夫です
まあ遺言書に書かれてる銀行口座が全部変わっちゃったら書き直したほうがいいかもしれませんが
ハハハ
その際はこの公証役場でやる限りは追加部分のみの費用しかかかりませんから
費用を払ってすべて終了!
ありがとうございました!
は〜〜〜終わったー!!
かなり高くついたけど安心を買ったってことで
遺言書作ってよかったな!
ホットしたぜ
へへ
もうおまえいつ死んでもいいぞ
アキオしゃんもね!
ギャハハ
めでたしめでたし!
——のはずが…

後日――
バタバタ
てっ てっ てーへん だ――!!
なんだよ うるせーな~
週刊 ○△
来年の7月から遺言書が変わるんだって!!
へ？
遺言書は来年(2020年)7月10日以降に作るべし!!
バザッ
来年から自筆遺言書を法務局がチェックして保管できるようになるから無効や紛失の心配がなくなって
おまけに家庭裁判所にいかなくてもよくなるんだって！
えぇ～っ!??
それじゃ公証遺言と変わらねーじゃん
自筆のほうが楽だしお金かからないし断然いいってことだよ！
そんなぁ～～!!
オレたち10万近くかけて作ったのに～！
10万返せーー!!
とりあえず遺言書作成完了……

13.
遺骨はどこへいく!?（前編）
死を考えてこそ生を生きることになる
実は自分たちの終活よりも親の終活のほうが差し迫っているのだ
ねぇお父《とう》さん
うちは子どももいないしヤス（弟）は独身だし
将来墓守《も》りする人間がいないからお父さんとお母《かあ》さんのお墓は作らないからね
父88歳
そうか…
墓はなしか…
最近はお墓作らない人多いらしいよ
遺灰を木の根元にまいたり海にまいたりするんだってさ
ほーーっ
それじゃオレは海がいいな!
海にまいてくれ!!
えっ!?
海なんか行ったこともないくせに!?

ということで
この橋渡ったとこに船の乗り場があるみたい
おっ じゃ あそこかな
われわれは海洋散骨の体験クルーズに参加することにした
それ急げ！
集合時間遅れちまう！
トントントン
どうでもいいけどスカーフ長すぎ
ダテに長くしてるわけじゃねーんだよ！
くるっ
万が一おまえが海に落ちた時ロープとして使えるだろ
海の男はそこまで考えてるんだ！
誰が海の男やねん
おっ あの船だ！

よっと
うわっ揺れる～
足元にお気をつけてご乗船くださーい
あ祭壇がある！
船内には遺影と故人の愛用の品々が飾られ――
ビートルズの曲が静かに流れていた
この人ビートルズが好きだったのかな
ビートルズ
BEATLE
1960年生まれだって…
オレより年下かー
若すぎるよな
かわいそうに…
しんみり

体験クルーズが始まった
本日はまずは揺れの少ない運河でセレモニーを行いまして
ビートルズ
その後羽田《はねだ》空港《くうこう》沖まで出て散骨いたします
参加者はわれわれと――
私の父が海洋散骨を希望していて――
私たち自身も子どもがいないしお墓はいらないと思ってるので…
この前は樹木葬の見学にいってきました
子どものいないおばさんのためにという男性…
夫や子どもたちに内緒でひとりで参加した女性
お墓で子どもたちに負担かけたくないので…
今日は乗り気じゃない夫を無理やり引っぱってきました！
海洋散骨したい妻とまだ墓のことを考えたくない夫のカップル
終活セミナーの講師をしている女性
自分で体験しないとお話できないので…
総勢7名だ

この船の船長をご紹介します
どうぞ
本日はよろしくお願いします
船長の町田《まちだ》です
あれ？どこかで見た顔…
あっ
なんだこの写真船長さんだったのか〜〜
死んでねーじゃん！
ぎゃははは
そりゃそーだよな
体験クルーズなんだから
ペコリ
ではこれより出航します！
ガクーーン
ガガガ
おっ動いた動いた！
やーなんかワクワクすんなー!!
案外揺れないんですね
まだここは運河ですから
でも今日は風がなくて海も比較的穏やかだそうですよ
お天気もいいしみなさんついてますね

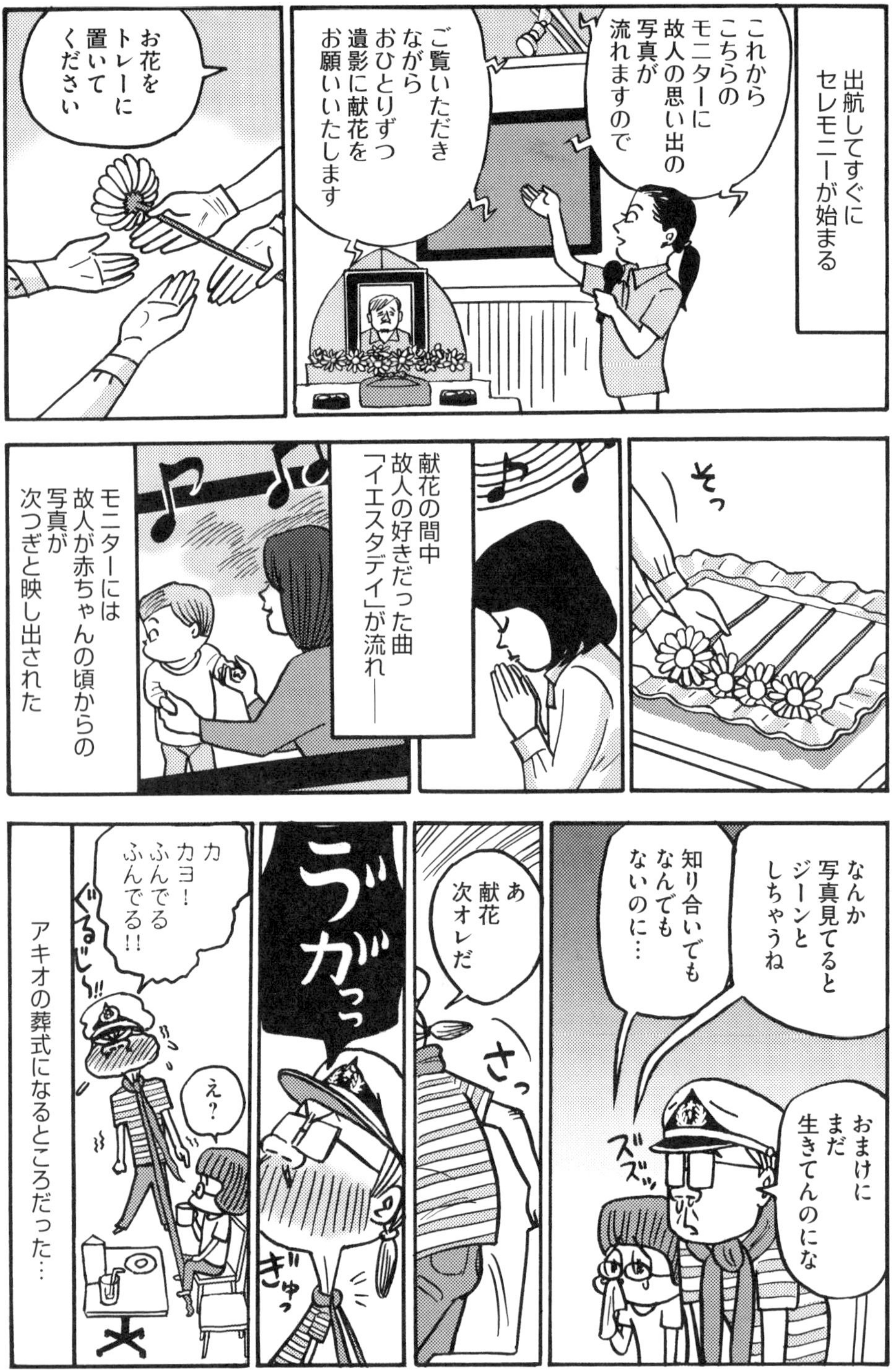
出航してすぐに セレモニーが始まる
これから こちらの モニターに 故人の思い出の 写真が 流れますので
ご覧いただき ながら おひとりずつ 遺影に献花を お願いいたします
お花を トレーに 置いて ください
そっ
献花の間中 故人の好きだった曲 「イエスタデイ」が流れ——
モニターには 故人が赤ちゃんの頃からの 写真が 次つぎと映し出された
なんか 写真見てると ジーンと しちゃうね
知り合いでも なんでも ないのに…
おまけに まだ 生きてんのにな
ズズッ
あ 献花 次オレだ
さっ
うがっっ
ぎゅっ
カ カヨ！ ふんでる ふんでる!!
ぐるじ〜!!
え？
アキオの葬式になるところだった…

14.
遺骨はどこへいく!?(中編)
生と死はくり返すその法則は永遠だ
海洋散骨の体験クルーズに参加している
遺影への献花が終わり——
これから水に溶ける紙に故人へのメッセージを書いていただきます
メッセージ？
とはいっても今日は体験ですのでなんでもけっこうです
中は読まずそのまま遺灰とともに海に流してしまいますので

そう
いわれても
なく
う〜ん
おまえ
なんて
書いた？
かき
かき
へのへのもへ
おまえは
昭和《しょうわ》の
子どもか
今日は
宗教に関係ない形で
行っていますが
お坊さんを呼んで
四十九日《しじゅうくにち》法要を
一緒にやることも
できます
ほかにも
ご会食や
楽器の演奏など
ご家族のやりたい形で
自由にお別れして
いただけます
そりゃ
いいな
そしたら
オレは
プロレス散骨に
すっかな
元気ですかー!!
ダーッ
やだよそんなの
船は運河を出て
東京湾《とうきょうわん》へ
ブバーッ
羽田沖で止まり
いよいよ散骨である
船の後ろの
デッキより
おひとりずつ
散骨して
いただきますので
移動をお願い
します
揺れますので
お気をつけ
ください

ぷか
ぷか
あ
「イマジン」※
水溶性の袋の中に
今日は遺灰の代わりに塩が入ってます
順番にご遺灰の袋とお花ご自身で書かれたメッセージをおとりになり海に流してください
散骨の様子はスタッフが写真をお撮りします
カシャ
カシャ
「イマジン」の曲が流れる中静かにゆっくりと散骨が行われる

※ジョン・レノンの楽曲

ユラ
ユラ
ユラ
散骨はこれで終了です
おそれいりますが上のデッキにご移動ください
わー気持ちいいー!!
いい天気でよかったですね
これより鐘を10回鳴らします
カーー。
カーー。
その間黙祷《もくとう》をお願いします
カーー。。。。

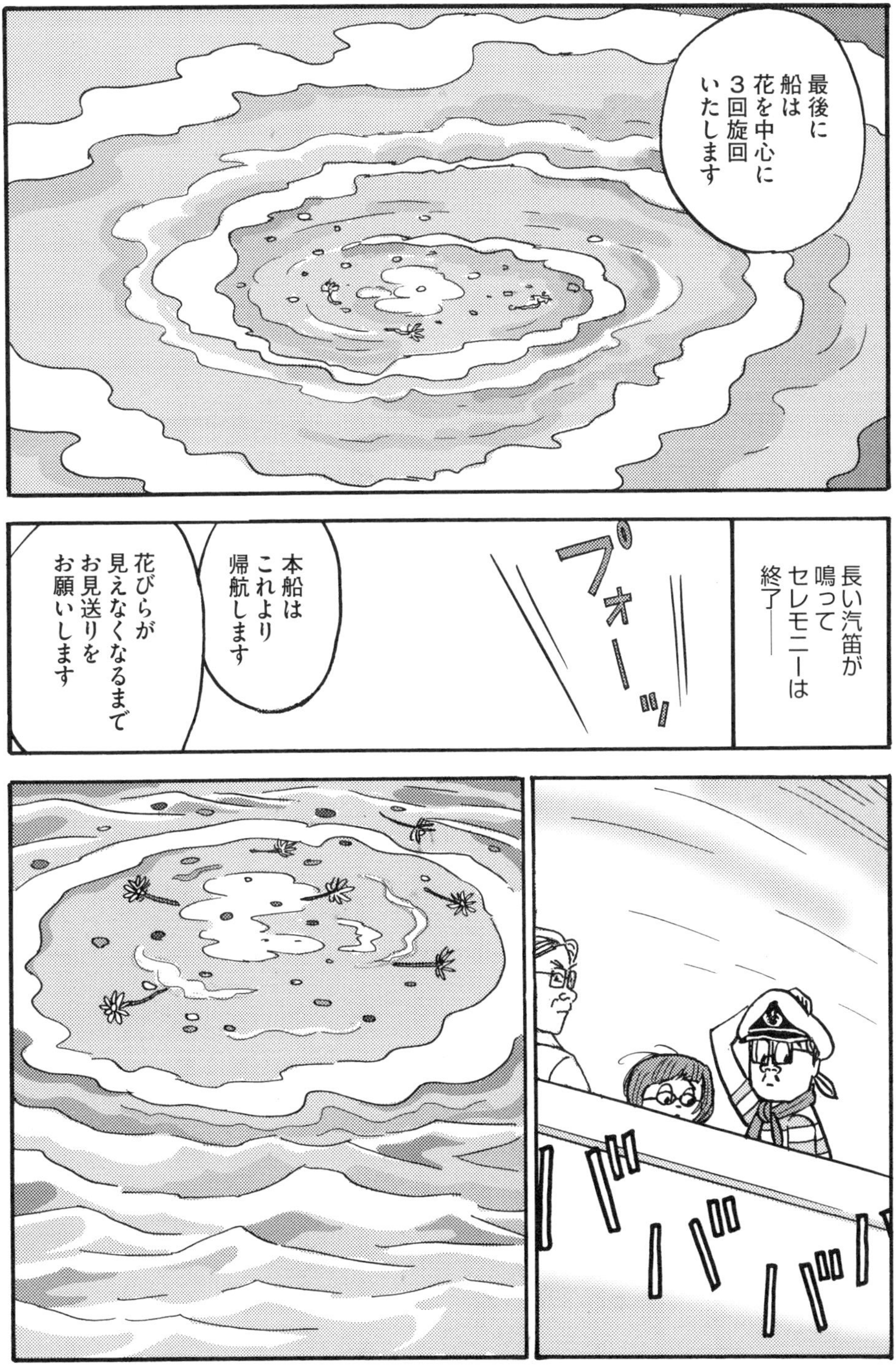
最後に船は花を中心に3回旋回いたします
長い汽笛が鳴ってセレモニーは終了――
プォーーッ
本船はこれより帰航します
花びらが見えなくなるまでお見送りをお願いします
ババババ

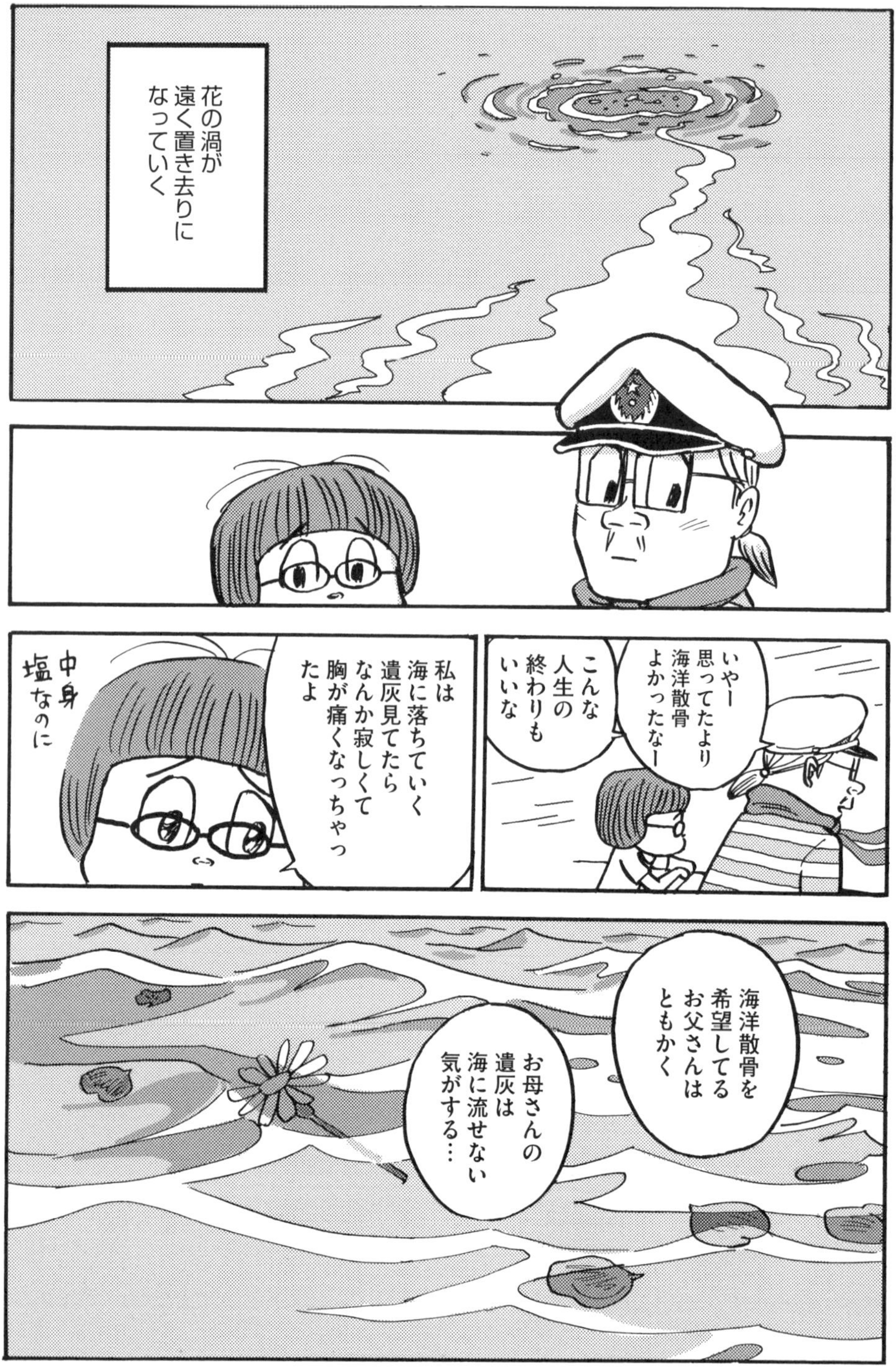

花の渦が遠く置き去りになっていく
いやー思ってたより海洋散骨よかったなー
こんな人生の終わりもいいな
私は海に落ちていく遺灰見てたらなんか寂しくて胸が痛くなっちゃったよ
中身塩なのに
海洋散骨を希望してるお父さんはともかく
お母さんの遺灰は海に流せない気がする…

15.
遺骨はどこへいく!?(後編)
星が爆発して死を迎えるその残骸は新しい星の素材となる
東京湾での散骨とセレモニーの体験が終了
あっ
ちょうど飛行機がきました!
頭の真上を飛んでいきますよ!
ほんとだ!
くるくる!
ゴー
うわーっ
すごーい!!
こわい
近いー!!!
でかい
そこに見えるのが羽田第2ターミナルなんです
ですから年配のかたや船が苦手なかたは空港のデッキから散骨ポイントに手を合わせることができるんです
なるほどー

いやあ 海洋散骨 想像してたより ずっと よかったっスよ
海 気持ちいいし
ババ
それは よかったです!
1月2月は もっと海が 真《ま》っ青《さお》で 本当にきれい なんですよ!!
まさにブルー オーシャン!!
真っ青な 海かー!!
そりゃ いいな!
なっ
てか おまえの顔が ブルーオーシャン だぞ
ふ 船酔い しちゃった…
うっぷ
では 下に どうぞ
説明会を 行います
バババ
カヨ 大丈夫か?
う～～
船は お台場《だいば》海浜公園《かいひんこうえん》へ
外海がどんなに 荒れていても ここは静かですので ご会食ご希望の 場合は ここで行います
今日は デザートを いろいろ ご用意しました
チーズケーキ カボチャのタルト コーヒーゼリー チョコブラウニーなど すべて 手作りです
フルーツも ありますので ご自由に おとりください

わーい
だだだ
へっへっ
こんなに持ってきた！
さっきまで真っ青な顔してたくせに
たくっ
私どもの散骨には3通りのプランがございます
チャータープランは貸し切りになりますのでお好きな時間に出航でき自由な形で心ゆくまでゆっくりお別れできます
このプランは東京湾以外でも全国で対応が可能です
こちらは25～27万円プラスオプション代になります
夕方出航すると夕焼けの中で散骨してこちらにきてちょうど夜景を見ながらご会食できるんです
とってもきれいですよー
まあすてき
合同散骨プランでは数組のご家族に合同で乗船していただきます
出航時間が決まっていて自由な形での散骨やセレモニーはできませんが散骨ポイントでは一組《ひとくみ》ずつお別れの時間をおとりします
こちらは2名様のご乗船で12万円です

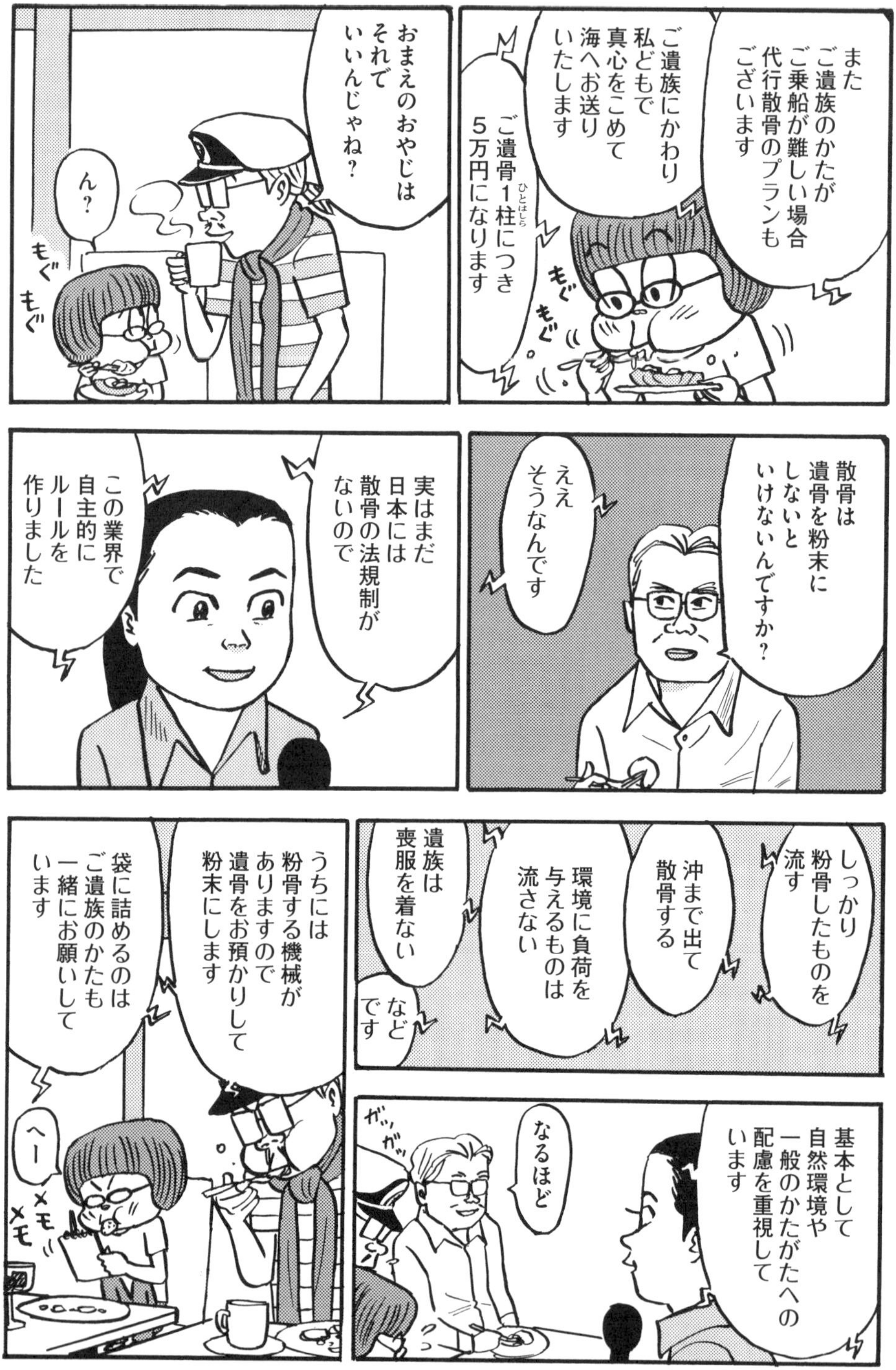

またご遺族のかたがご乗船が難しい場合代行散骨のプランもございます
ご遺族にかわり私どもで真心をこめて海へお送りいたします
ご遺骨1柱《ひとはしら》につき5万円になります
もぐもぐ
おまえのおやじはそれでいいんじゃね？
ん？
もぐもぐ
散骨は遺骨を粉末にしないといけないんですか？
ええそうなんです
実はまだ日本には散骨の法規制がないので
この業界で自主的にルールを作りました
しっかり粉骨したものを流す
沖まで出て散骨する
環境に負荷を与えるものは流さない
遺族は喪服を着ない
などです
うちには粉骨する機械がありますので遺骨をお預かりして粉末にします
袋に詰めるのはご遺族のかたも一緒にお願いしています
へー
メモメモ
基本として自然環境や一般のかたがたへの配慮を重視しています
なるほど
ガッガッ

そして――
本日は体験クルーズにご参加いただきありがとうございました
いかがでしたか?
ドッドッドッ
すごくよかった!
私海洋散骨に決めました!!
あなたのも海洋散骨にするからね!
えっ
オレ海に流されちゃうの!?
私のも散骨してもらうからまた海で会いましょうよ
オレやだよ~
なんでよ!!
アハハハ
船のりば
船長達者でな!これあげる
こりゃどーも
アキオしゃんは?
海洋散骨どう?
んーー
まあなんでもいいよ
どーせ死んじまってるんだから

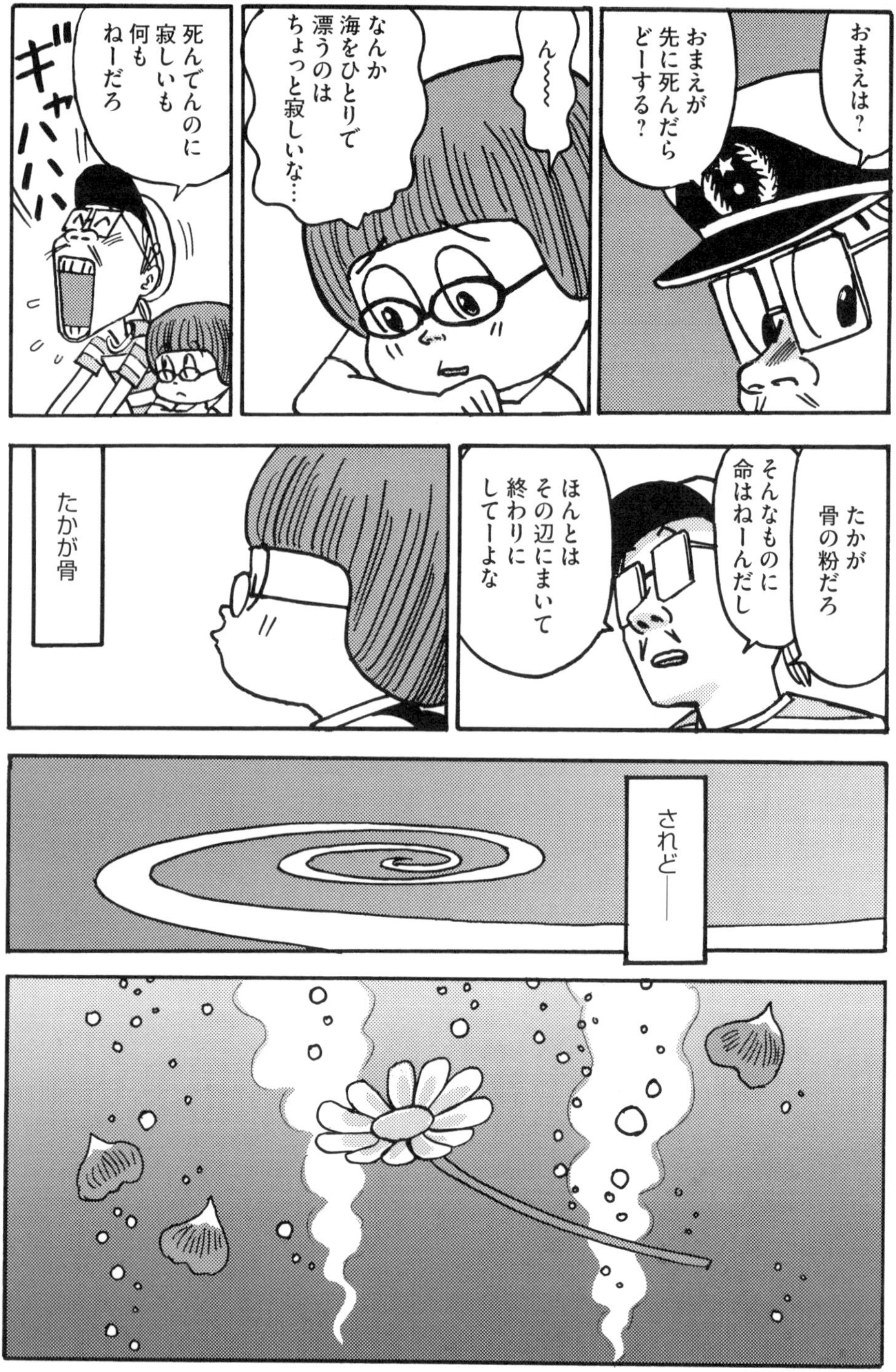
おまえは?
おまえが先に死んだらどーする?
ん〰〰
なんか海をひとりで漂うのはちょっと寂しいな…
死んでんのに寂しいも何もねーだろ
ギャハハハ
たかが骨の粉だろ
そんなものに命はねーんだし
ほんとはその辺にまいて終わりにしてーよな
たかが骨
されど——

16. 老人ホームは終のすみか？（前編）

「死を忘れた文明」それはやがて戦争・紛争へとつながる

アキオ母とカヨ両親――老親3人の介護に奔走する日々
う〜〜っ
う〜〜っ
ピピピピピー
ぼ〜
ハァハァハァ
ほんと老人になるってのは大変だな
きょうび人間長生きしすぎなんじゃね？
子どもがいるからこうやって面倒見てもらえるけど子どもがいない私たちなんてどーなっちゃうんだろーね…
誰にも世話してもらえずいずれ白骨死体で発見されんじゃねーか？
アハハ
ずしーん
不安しかない
…ぜんぜん笑えねぇ

そんなある日 地域のタウン紙で すぐ近所にある 有料老人ホームの 見学会の記事を 見つけた
個別の 無料見学会 だって！
しかも ランチ付き!!
うひょーっ
アホか
いくらなんでも 老人ホームは 早すぎん だろ
見学 見学だよ
あ もしもし
お気軽に どうぞって 書いてあるし
どんなもんか 参考のために 見てみよーよ
さっそく 電話で予約をとり
いざ見学へ！
担当の 原山《はらやま》です
よろしく お願いします
今回 ご検討いただくのは ご両親様ですか？
いえ 私たちです
うちは子どもが いないので 自分たちの 終《つい》のすみかのことは 自分たちで 考えておかないと いけないので
まだちょっと 早すぎるかとは 思ったんですけど…
早すぎるって ことは ないですよ

こちらにもお子さんのいないご夫婦が何組かいらっしゃいますが
みなさん体が動かなくなる前に終のすみかが見つかって安心したとおっしゃってます
とくにここではまだ自分で生活できる人が自由に暮らせる自立型の部屋と
要介護の人たちが入る介護専用施設が併設されているそうだ
バルコニー
チェスト
チェスト
ベッド
クローゼット
洗面
椅子
チェスト
最近急増している「サービス付き高齢者向け住宅」などは介護度が上がると退出させられてしまうことが多いんですよ
その点うちでは自立型で生活できなくなったらそのまま介護専用施設に移れるんです
ふーん最後までいられねー施設もあるのか
介護が必要になってから追い出されるのはつらいよな～
うちでは看取りも可能ですので最期の最期までここで暮らすことができるんです
へー看取りまで
そりゃいいな
では実際にお部屋などご覧いただきながらご説明しましょう
どうぞ

まずは自立型タイプのお部屋にご案内します
ピッ
4階から8階が自立型の住居になっておりこちらではホテル住まいのように自由に生活していただけます
ご希望により洗濯や掃除買い物や役所の手続きなどの代行もしますのでゆったり生活を楽しんでいただけます
こちらが一番多いタイプのお部屋です
ガチャッ
わーっけっこう広いね!
ながめもいいなー
あっ富士山が見える!!
6畳の洋室と13畳のリビングルーム浴室・洗面所とトイレ
小さなキッチンも付いています
部屋はバリアフリーで浴室と寝室には緊急用ブザーがありほかにも一定時間以上動きがないとすぐに知らせる見守りシステムも付いているとのことだ(日中は看護師が常駐夜間もすぐに駆けつける)

実は共用部分の設備も充実しておりまして
一番人気があるのはこちら最上階の展望大浴場です！
わ――すごーい！
こちらから見る夜景がすばらしいと大評判なんです！
なんだよ最高じゃん!!
まさに天国に一番近い風呂だな！
お食事は3食とも専用のシェフが厨房《ちゅうぼう》で手作りしたものをこちらのダイニングルームで食べていただきます

ほかにも
喫茶コーナー
図書コーナー
リラクゼーションルーム
売店
銀行ATM
歯科
ビリヤードや卓球台や
礼拝堂まであり
カルチャールームでは
さまざまな教室や
イベントが催されている
いたれり
つくせり
だな
は〜っ
なんか
テレビで
やってる
なんとかの郷《さと》
みてーだな
石坂《いしざか》こーじ
の
ほんとに
こんな所が
あるんだね
びっくり
だよ
つまり
ここに入れば
もうなんの心配も
しなくていいって
ことか！
毎日
遊んで暮らして
のんきに死んでいけば
いいんだ
なんかオレ
生きる希望が
わいてきたぜ!!
生きる
希望
なかったん
かい！

17.
老人ホームは終のすみか？
(後編)
死を考えてこそ生を生ききることができる
近所の有料老人ホームを見学
すげーすげー！
ここに入れたらもうなんの心配もなくのんきに死ねるな!!
設備の豪華さと充実っぷりに大興奮である
では自立型で生活が難しくなった時に入っていただける介護施設のほうもご案内します
建物の4階から8階が自立型タイプ2階から3階が介護施設になっていまして——
自立型と介護施設とは共有部分も切り離されていてエレベーターも別々のものを使っています
へーそんなとこまで気を使ってんだ

ふーん ここは よく見る 普通の 介護施設って 感じだね
とくに豪華って わけでもなく
はい もう ひと口 どうぞ
まあ 介護される ようになったら 豪華さなんか 関係ねーもんな
お部屋は 個室から 3人部屋まで いくつか種類が ありますが
すべて 24時間体制で お世話していますので ご安心いただけます
大丈夫ですか！
なるほどー
いかがでしたか？
いやー すばらしかった！
生きる希望が わいて きましたよ!!
生きる希望
むくむく
でも これだけ いい施設なら けっこう お高いんじゃ…？

こちらが自立型のお部屋の価格表です
見ていただいた1番多いタイプのお部屋ですと2千6百万くらいですね
2千6百万…
やっぱりそのくらいするのかー
設備いいもんなー
ただしこれは施設の使用料ということで資産にはなりません
えっ買うわけじゃねーのに2千6百万もすんの!?
オレんち売っても2千6百万にはならねーか?
ヒソヒソ
なるわけないじゃん
ご夫婦で入られる場合はプラス480万円さらに一時金として300万円ほど必要になりましてー
あとは月々の管理費と食費でおふたりですと33万円ほどかかります
さっさんじゅう……!?

月々
33万…
国民年金
ふたり合わせ
て12万しか
もらえねえ
ってーのに…
無理だ…
どう考えても
無理…
生きる
希望
しゅ〜〜っ
ヘナ
ヘナ
何か
ご質問は
ありますか？
いえ
ないです
ペラ
ペラ
では
これから
ランチを
ご用意します
ご利用者様たちと
まったく同じものを
召しあがって
いただきます
もういいよ
ランチなんて…
いいじゃん
せっかくだから
こちらは
ご家族
ご親せきの
みなさまで
ご会食
いただける
個室です
今日は
こちらで
では
ごゆっくり
ありがとう
ございます

本日のランチです
うわーっすごい豪華！
いただきまーす
おいしーい!!
すごいねその辺の洋食屋さんよりおいしいくらい！
もぐもぐ
具材が小さく切ってあって
汁もとろみついててちゃんと気を使ってる！
完ぺき!!
うめーな！
サイコーだなこのカレー!!
ランチたのんでよかったな！
これハヤシライスだよ
どんな味覚しとんねん
本日はどうもありがとうございました
こちらこそ
ペコペコ
ペコペコ
原山さん感じのいい人だったね
どー見たってここに入れるようには見えねーオレたちにもていねいに対応してくれたよな
それにしても

こんな所で幸せに老後を暮らせる人間もいるんだな
オレたちはどんなにがんばっても入れねーけど
なんだってんだろーな…
は〜
へっへっへーー
なんだよニヤニヤして〜
今日から私財テク始めることにしたよ!!
あの老人ホームに入るために!!
えっ財テク!?
どんな!?
すげーっ
これ!
月5000円から始める
老後資金の作り方読本
これで安心!!
月5千円からって…
オレたちの老後にぜんぜん間に合わねーだろが
いくつまで生きろっつーのよ
アキオちゃんのために頑張るよ!!
わはは
ポン

カヨのコラム② 望んだようにはいかない？

私が、たしか高校生くらいの頃。
テレビにコスモスの花が映っていた。
それを見ていた母が突然、「私、コスモスの花が大好き。お母さんが死んだら、お墓の周りをコスモスでいっぱいにしてね。そして毎年コスモスの花を見るたびに、お母さんのこと思い出して」といったのだ。
なに少女漫画のセリフみたいなこといってんの〜、と笑いながら母の顔を見ると、すごく真面目な顔で、目にはうっすら涙すら浮かべていた。
今でこそ、母に夢見がちな少女趣味的ロマンチストな面があることを知っているが、その当時は母はただの母親で、急にそんな乙女チックなことをいい出され、ひどくびっくりした。
最近、その母の言葉をよく思い出す。
ほかには母の希望や思いをなにひとつ聞かないうちに、母は認知症になってしまい、もはや尋ねることもできないが、唯一これだけは聞くことができたのだ。

でもね、お母さん。
うちは私も弟も子どもがいないから、お母さんのお墓は作れないんだよ。
唯一のお母さんの望みを叶えられなくて、ごめんね。

漫画にも描いたように、父には海洋散骨を頼まれたが、二の足を踏んでいる。海に縁もゆかりもない群馬っ子の父が、本気で海洋散骨を望んだとはとても思えないからだ（その後、弟が同じ質問をしたら「墓を作ってくれ」といわれたらしい）。
コロナ禍でほぼ会えないまま父は逝ってしまい、もう確認することはできない。それでも父がいったことだから、と、海洋散骨してもいいが、そしたら母はどうする？母が亡くなったら、どこかキレイな花が咲いてる霊園の共同墓地（合祀墓）に入れてあげようかと思っているのだが、夫婦別々でいいのかな？

そして私。
ずいぶん前に、若い友人に「私の遺灰をインドのガンガー（ガンジス川）に流して」と頼んだことがあり、彼女は「わかりました！」とにこやかに答えてくれた。でもきっともう彼女は忘れているだろうし、私も今となったら、そんな面倒なことを人に頼みたいとは思わない。その時望んだからといって、ずっと同じ思いでいるか、本人にもわからないのだ。
今では、私の死後の処理については、「とにかく一番簡単で楽な方法でやっちゃってください。なんならその辺に放っておいてくれても私は一向に構わないんですが……」という気持ちなのである。

ちなみに、いろいろ決めかねて、父の遺骨は、一周忌もとうに過ぎたというのに未だ実家の居間のテーブルの上に置いたままになっている。

18.
子どもが
いてもいなくても
死は人生の終焉ではなく人生の完成である
地元の高齢者施設で「介護カフェ」なるものをやっていると知りいってみることにした
介護に関心のある人は誰でもいいいって
私たち地元の施設とかぜんぜん知らないからちょっとのぞいてみよーよ
え〜〜〜おまえひとりでいってこいよ
めんどくせー
ちょこっと見学するだけだって
ほら
あ〜〜ん
デイサービスやグループホームヘルパーの派遣や高齢者宅への配食などをやっている施設だ
11時に介護カフェを予約したホッタです
サポートハ
こちらにどうぞ
お飲み物は？
コーヒーください
今日はこの施設の理事長がお話を伺います
すぐに参りますから
えっ理事長!?

なんだよ理事長が出てきちまうってよ
ちょこっと見学どころじゃねーじゃんか
コンコン
こんにちは！
ここの理事をやっております高谷《たかや》です
え…
たっ高谷さん!!
ガタン
え？
私
以前同じ会社で働いてた土田《つちだ》です!!
なんと昔の知り合いだった！
たしかカヨちゃんは私よりひと回り下くらいだったかしら？
そうです！
よろず相談
将棋
マージャン大会
どんどん参加してみよう！
ハーモニカ教室
♪ハーモニカを♪ふいてみよう！
英語で唄お♪
すいとん
そしたらまだ50代でしょ？
今日は親御さんの介護の相談で？
いえ
今日は自分たちのことで

ずっと親の介護をしているんですけどいろいろ大変で…
子どもがいない私たちは老後いったいどうなっちゃうのか心配になって…
動けるうちに地元の介護施設を調べておこうと思ったんです
子どもがいないと全部自分たちでやらないといけないいから
さっきから子どもがいないいないっていってるけど
子どもがいれば安心とはいえないのよ
何もしてくれない子どもだってたくさんいるんだから
うちのデイサービスに通ってるご夫妻もね
同じ敷地内に息子家族が家を建てて住んでるんだけど
普段まったく交流がなくていっさい面倒見てもらえないのよ
そのくせ介護施設の車がくるのは世間体が悪いってデイサービスに通うことに大反対して

私たちが何度も説得してやっとここに通えることになったの
子どもがいればいたでいろいろ面倒なこともあるんだって
だったらむしろいないほうが自分たちの好きなように生きられていいんじゃないかしら
こんにちはー
あら先生
今日もよろしくお願いします
先生？
うちでは毎週水曜日に「三丁目《さんちょうめ》の学校《がっこう》」っていうのをやってるのよ
今のかたはそこの英会話の先生
先生といっても英会話のあとのハーモニカ教室では生徒になるのよ
ハーモニカ教室の先生が今度は料理教室の生徒になったり

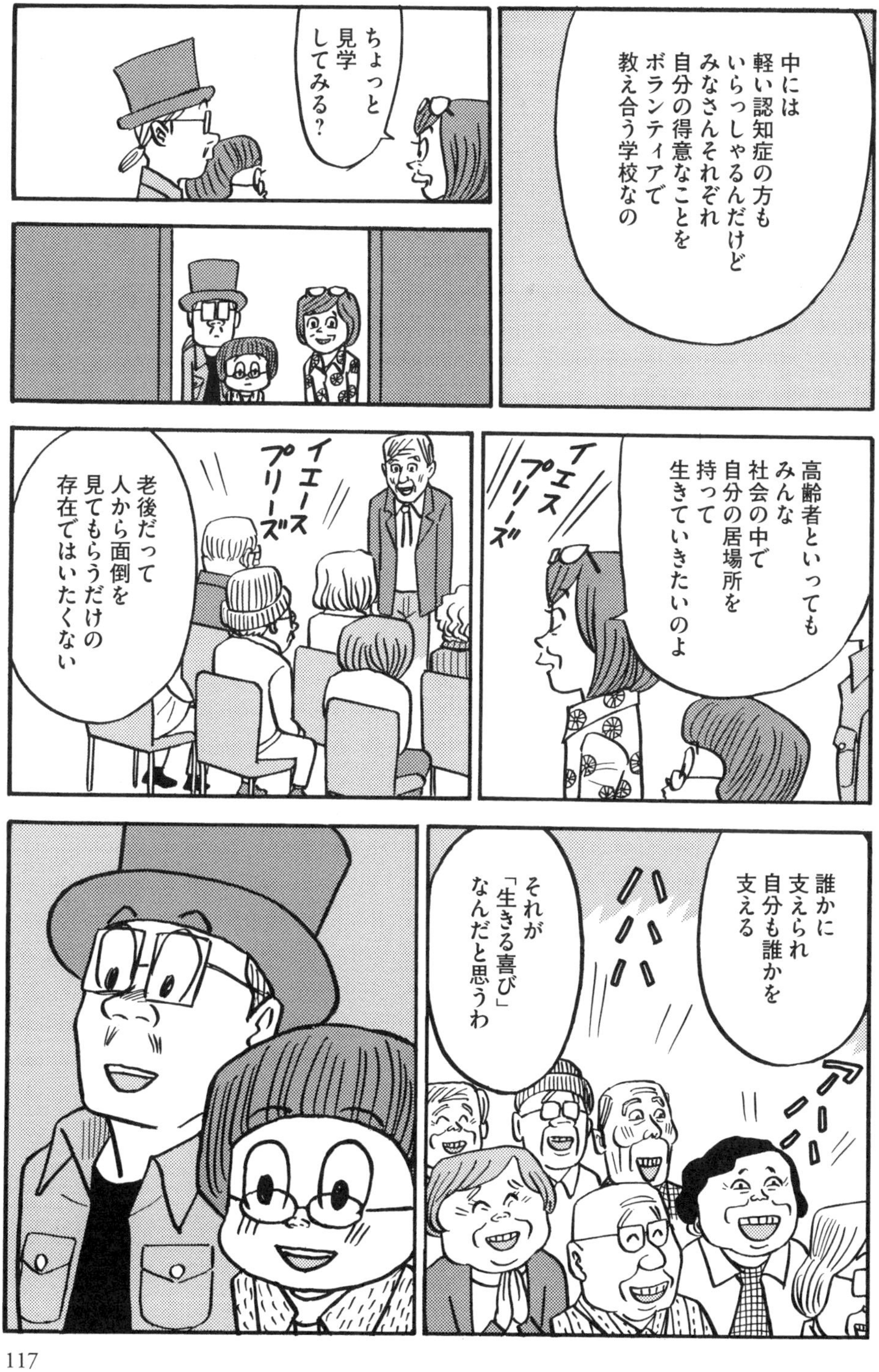
中には
軽い認知症の方も
いらっしゃるんだけど
みなさんそれぞれ
自分の得意なことを
ボランティアで
教え合う学校なの
ちょっと
見学
してみる?
高齢者といっても
みんな
社会の中で
自分の居場所を
持って
生きていきたいのよ
イエス
プリーズ
イエース
プリーズ
老後だって
人から面倒を
見てもらうだけの
存在ではいたくない
誰かに
支えられ
自分も誰かを
支える
それが
「生きる喜び」
なんだと思うわ
ハハハ

オレたちの人生の中で初めて子どもがいないことを「いい」っていわれたな
うん
なんかうれしかったよ
この前高級老人ホームに見学にいった時こんなところに入れたらさぞかし幸せな老後をすごせるんだろーなってうらやましく思ったけど
あそこで見たお年寄りたちより
今日の人たちのほうがみんなずっと楽しそうでイキイキしてたね！
幸せな老後っていったいなんなのかな？

19.
夫婦で一緒に人間ドック！
（前編）
死にたくないと思うから苦しくなる
うらのネコがあやしいよな
もぐもぐ
ん？
ふーっ
どーした？また胃の調子悪いのか？
んー
ちょっとね
いてて
おまえここんとこずっとじゃねーか！
医者いけよ医者！
一回ちゃんと調べてもらえ！
……
そーだね
イヤだけどいくしかないか…
病院嫌い

そうだ!!
一緒に人間ドック受けようよ!
オ オレは関係ねーだろ
病院嫌い→
でもアキオしゃんも私も市の検診とかも一度も受けたことないじゃん
お互いもう体にガタがくる年齢だし一回ちゃんと受けとこうよ
ペレ ペレ
バーカ
オレは一度人間ドック受けたことあるんだよ
へへん
そんなの30年以上も前じゃん
よし決めた!!
さっそく近くの病院に予約しちゃお
♪
人間ドック夫婦一緒で予約したいんですけどー
初めてなのでその病院で受けられる検査をすべて受けることにする
なんでオレまで
ブツブツ
胃カメラ麻酔しますかって
苦しくないけど時間かかって値段がちょっと高くなるって

んなもん いらねーよ
オレが前にやった時より今はもっと小さくなってるはずだから楽勝だって
へーき へーき
じゃふたりともクチから麻酔なしで
よろしくお願いします
来月の3日ね
朝8時半だって
げ~朝早過ぎだろ~
人間ドック半日コースの予約完了!
後日病院から書類と検尿・検便キットが送られてきて——
ウンコ2回も採るのかよ~めんどくせーな
私便秘だから出るかな~
いよいよ人間ドック当日である
まずは検査着にお着替えしていただいて
お荷物はロッカーに入れてください
男性はあちら 女性はそちらです
ギャハハ
おまえそれでかすぎねーか
みんな人間ドックなのかな
たぶんね

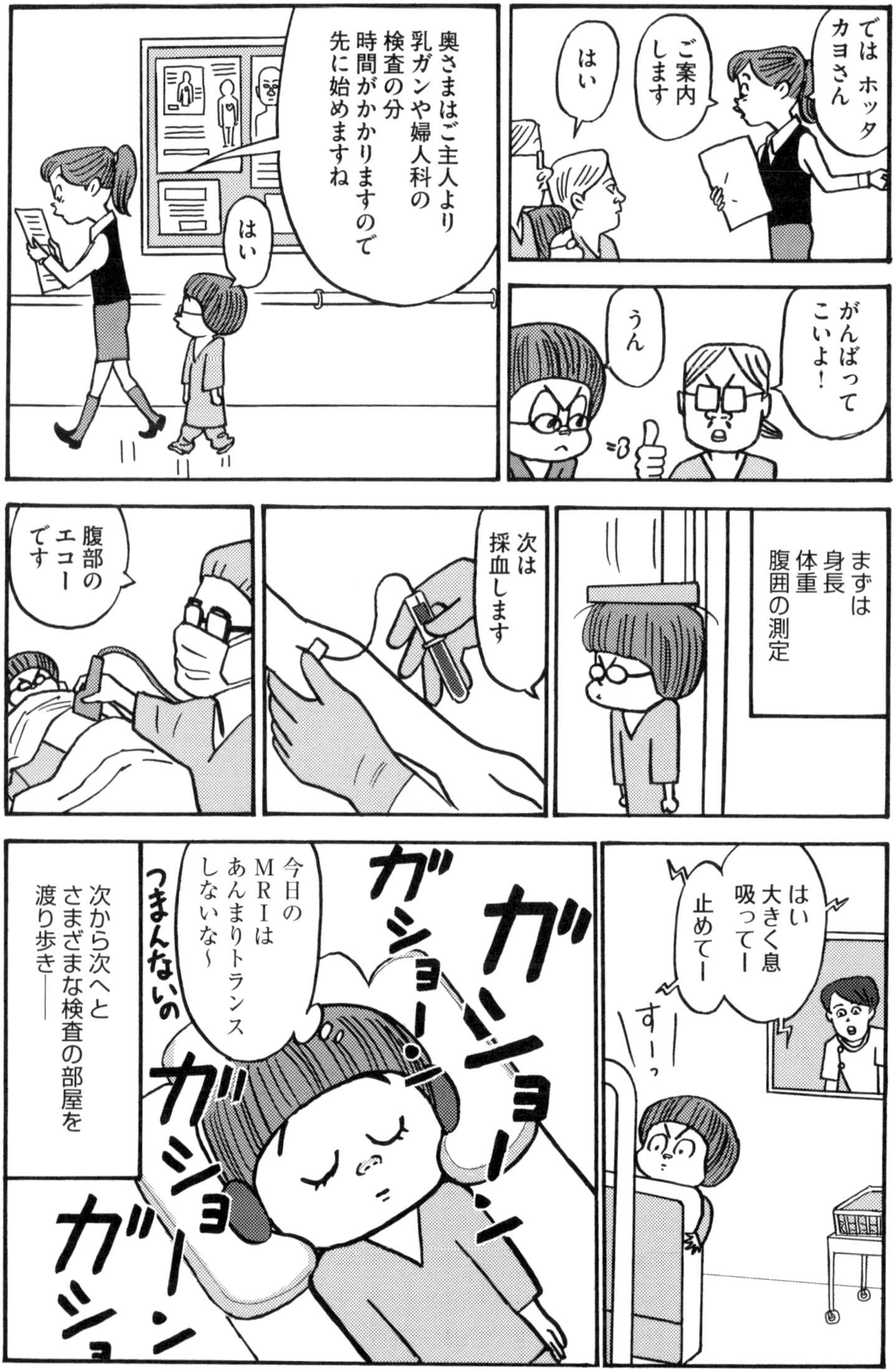
では ホッタカヨさん
ご案内します
はい
奥さまはご主人より乳ガンや婦人科の検査の分時間がかかりますので先に始めますね
はい
がんばってこいよ！
うん
まずは身長体重腹囲の測定
次は採血します
腹部のエコーです
はい大きく息吸ってー止めてー
すーっ
次から次へとさまざまな検査の部屋を渡り歩き――
今日のMRIはあんまりトランスしないな～
つまんないの
ガ
ガショーン
ガショーン
ガショーン
ガショ

いよいよ胃カメラ(内視鏡)検査だ
では入れます
体の力抜いてくださいねー
うがぅぅぅ
うがががっっ
もうちょっとですよ
がんばって
グゲグゲーッ
よだれと涙でぐちょぐちょである
胃に病変が見られるとのことで組織を採り病理検査することに
お疲れさまでした
ゼーゼー
ぐったり
ハァハァ
ヨタヨタ
おーどうだった?
ゼーゼー
やっぱり胃になんかあるみたい
精密検査するって切り取られたよ
まじか
やべーな…

それより胃カメラで死ぬかと思ったよ！
もう次はぜったい麻酔してもらう！
アキオしゃんのうそつき～
けっ だらしねーなー
くるしいんだよ！
すごい…
ではホッタアキオさん
胃の内視鏡検査します
お入りください
がんばってね！
オレは楽勝だっつーの
おまえとは違うぜ
へへへん
よろしくお願いしまーす！
ガチャ
5分後
ガチャ
とぼとぼ
え？
もう終わり…？
どしたの？
それが…
血圧が高すぎて胃カメラできなかった…
こんなに高い人は初めてです 胃カメラは危険なので…
え～～～っ!?
バサ バサ
楽勝どころか不戦敗である

20.
夫婦で一緒に人間ドック！
(後編)
死を受けいれ大いなる自分に生きよう
アキオは35年ぶりカヨは生まれて初めての人間ドックである
ホッタアキオさん
次は腹部のエコーです
おっ
待ってました！
実はアキオにはここ数カ月間右下腹部に時々痛みがあり
痛《いて》てててて
また痛いの？
これぜったい盲腸《もうちょう》だ
ここが痛いってのは盲腸だろ！
いて〜っ
ここだぜここ！
今すぐ病院にいく!?
仕事がひと段落ついたらな
今腹切ってる時間はねえ！
え〜腹膜炎起したら大変だよ〜
とかなんとかいってズルズル延ばしてきたのだ

先生 オレ 右下腹部が 時々痛く なるんスよ
盲腸じゃ ないかな～
ぐりぐり
そーですか
じゃ ちょっと 横向いて
ぐりぐり
いやー
ボクの所見では 盲腸では なさそう ですけどねー
そんな～
よく調べて くださいよ～
エコーで 見る限りでは 盲腸では なさそうですが
血液検査の 結果で わかりますよ
なんだ エコーじゃ わかんねーのか…
あー 胆《たん》のうが 曲がって ますねー
ふむ ふむ
へっ 胆のう？
曲がっちゃってんの⁉
なんで⁉
ぐりぐり
まあ 気にしなくて 大丈夫 ですよ！
おいおい もっとちゃんと説明して くれって
ハハハじゃ ねーよ

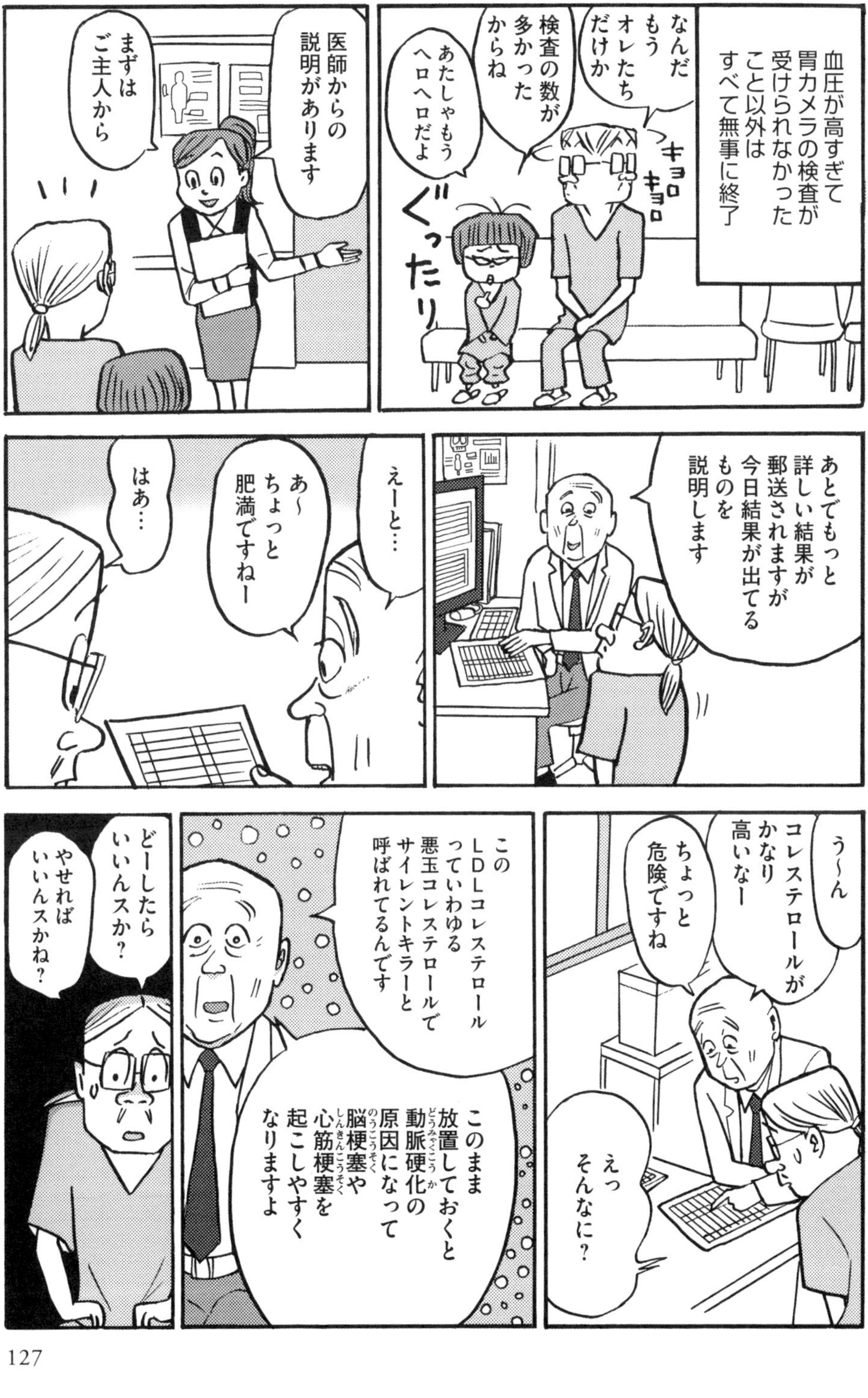

血圧が高すぎて胃カメラの検査が受けられなかったこと以外はすべて無事に終了
なんだもうオレたちだけか
キョロキョロ
検査の数が多かったからね
あたしゃもうヘロヘロだよ
ぐったり
医師からの説明があります
まずはご主人から
あとでもっと詳しい結果が郵送されますが今日結果が出てるものを説明します
えーと…
あ～ちょっと肥満ですねー
はあ…
う～んコレステロールがかなり高いなー
ちょっと危険ですね
えっそんなに？
このLDLコレステロールっていわゆる悪玉コレステロールでサイレントキラーと呼ばれてるんです
このまま放置しておくと動脈硬《どうみゃくこう》化《か》の原因になって脳梗塞《のうこうそく》や心筋梗塞《しんきんこうそく》を起こしやすくなりますよ
どーしたらいいんスか？
やせればいいんスかね？

毎日の食生活に気をつけたり運動することはもちろん大切ですが
ここまで数値が高いと薬を飲んだほうがいいですね
あ〜脂肪肝《しぼうかん》もあるなー
これも放っておくと大変危険ですよ
はい…
肝臓の機能が悪化すると動脈硬化が進んだり肝硬変《かんこうへん》や肝臓《かんぞう》ガンになる可能性もあります
血圧もかなり高いのでもう降圧剤《こうあつざい》を飲まないといけません!
はい…
ピロリ菌《きん》も出てますね
あれ? 胃の内視鏡検査は受けなかったんですか?
血圧高すぎてできないって…
ピロリ菌もいずれ除菌したほうがいいかもしれません
はい…
オレボロボロじゃん!!
胃ガンの原因になりますから
オレずいぶんあちこち悪いみたいスけどまずはどーしたらいいんスかね?
そーですねとにかくすぐにかかりつけのお医者さんに相談してください!!
きっぱり
は…はあ?

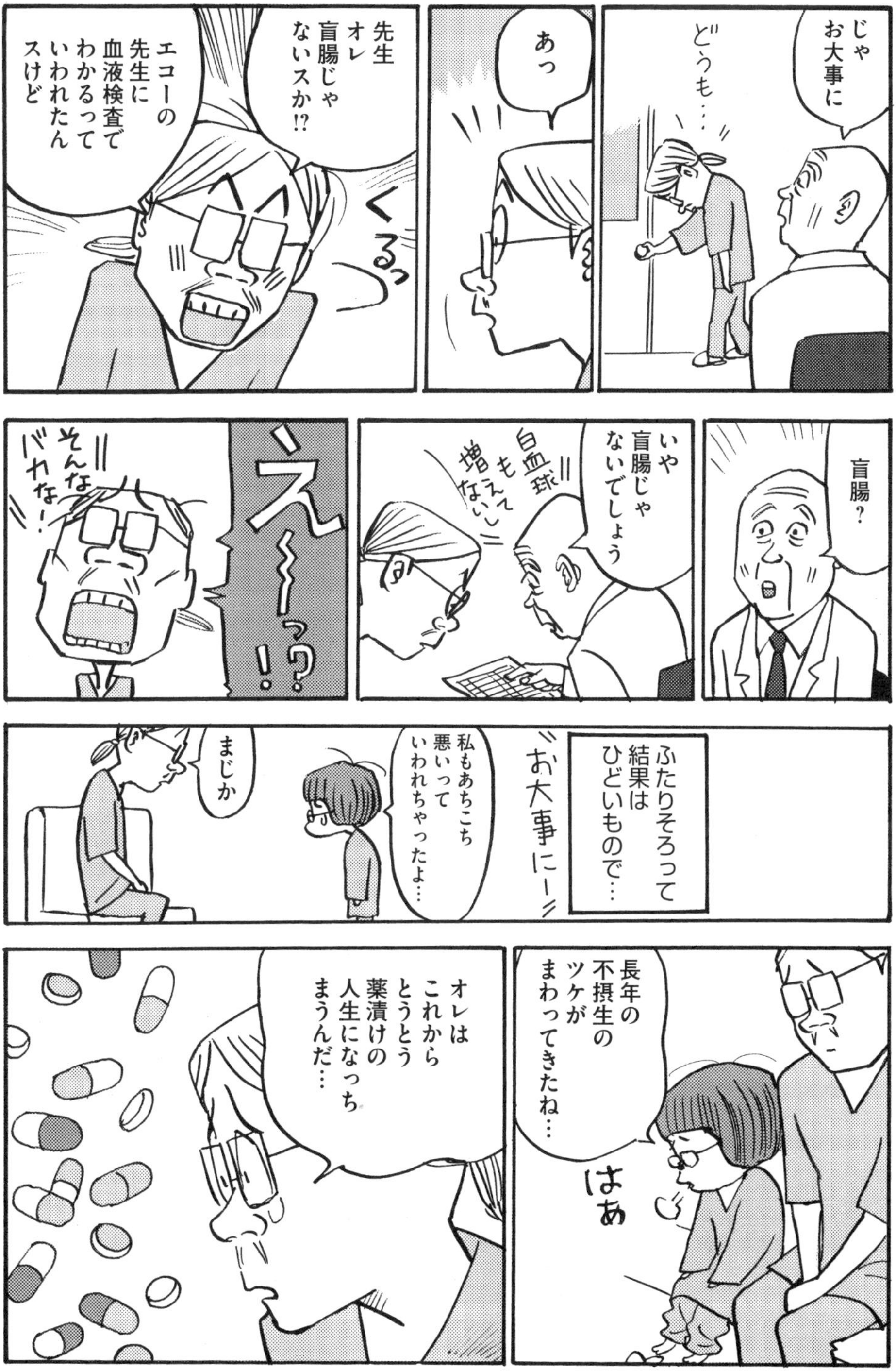
じゃ
お大事に
どうも…
あっ
先生
オレ
盲腸じゃ
ないスか!?
くるっ
エコーの
先生に
血液検査で
わかるって
いわれたん
スけど
盲腸?
いや
盲腸じゃ
ないでしょう
白血球
も
増えて
ないし
え〜〜っ!?
そんな
バカな!
ふたりそろって
結果は
ひどいもので…
お大事にー
私もあちこち
悪いって
いわれちゃったよ…
まじか
長年の
不摂生の
ツケが
まわってきたね…
はあ
オレは
これから
とうとう
薬漬けの
人生になっち
まうんだ…

くそーっ
だからオレは
人間ドックなんか
受けたくなかったんだ!!
おまえのせいだぞ!!
ギャーギャー
そんなこと
いったって!!
あの～
これで
すべて
終了です
お疲れさま
でした
カヨさんの
胃の病変の
生検を行いますので
その結果を
聞きにきて
いただかないと
いけないんですがー
はい
いつがいいですか?
一番早くて
来月の—
そうか
あいつ
胃ガンの
疑いがあるって
いわれたんだっけ…
オレも
いろいろ
あるけど…
まずは
おまえが
胃ガンじゃないと
いいな
うん
じゃ
なんか
食って
帰るか
胃の中
切られたから
まだ食べられ
ないんだよ
あっ
ちょっ
ちょっと
そのまま
帰らないで!
着替えて
くださーい!!

21.
除菌します！
薬飲みます！
死ぬということは宇宙に帰ること
夫婦で人間ドックを受けた結果――
アキオは
・超高血圧
・悪玉コレステロール値が異常に高い
・脂肪肝
・不整脈
・ピロリ菌…などなど
LDLコレステロールが209もありますね
基準値は0～139ですから…
すぐに病院にいって治療を始めるよう忠告された
カヨは
・貧血《ひんけつ》
・肺に炎症性の病変
・リウマチ
・腹水あり
・不整脈
・ピロリ菌…などなど
そしてなぜか
膀胱炎《ぼうこうえん》ですね
え…？
膀胱…？
まったく自覚症状ないですけど…
？

ほら この尿沈渣《にょうちんさ》の 白血球《はっけっきゅう》の値が 41―50もあるでしょ 基準値は１以下 なのに
血清《けっせい》のＣＲＰ値も かなり高いし
これは 膀胱炎って ことです
女性は かかりやすいんですよ
アセトン
尿沈渣(赤血球) 6〜10
尿沈渣 41〜50
尿検査
毎日 水をたくさん 飲んで
近いうちに 泌尿器科《ひにょうきか》に いってください
はは あ…
何より 一番心配なのは 胃ガンの疑いである
私 本当に 胃ガンかも…
ずっと 胃の調子 悪いし
最近急に 痩《や》せてきたし
痩せたのは 食《く》ってねーから だろ
だって 食べると いきなり 吐き気《け》が するんだよ
そんなの 変でしょ
う〜〜〜ん
アキオしゃん 33年間 いろいろお世話に なったね
今まで本当に ありがとう
え〜っ
なんだよ いきなり 終活の本番 かよ〜
やめて くれよ〜
とにかく 結果聞きに いく時は オレも一緒に いくから！
もしもの 時に 気絶した お前を 連れて帰らなきゃ ならねーからな！
気絶は しないよ

そして
いよいよ
もし
カヨが
ガンだったら
どーしよう
いや
まさか…
でも
万が一…
ソワ
ソワ
ソワ
ソワ
ホッタカヨさん
3番の診察室に
どうぞー
き
きたー!!
3番
失礼
しまーす
夫も一緒で
いいですか?
あー
いいですよ
どうぞー
今日は
えーと
胃の生検の
結果ね
結果はー
ゴクリ
大丈夫
です
ガンじゃ
なかった
ですよ

よかったな
カヨ!!
よかった
よかった!!
ただ
胃の状態から
見て
年に一度は
内視鏡検査を
受けたほうが
いいですよ
はい…
あと
ピロリ菌の
除菌も
したほうがいいと
思いますよ
胃ガンの
原因に
なるんで
はい
さっそく
除菌
お願い
したいん
ですけど
じゃ
今日
薬出しま
しょう
7日間
飲んでもらって
そのあと
ちゃんと除菌
できたか
4週間後に
もう一度検査します
カチャ
カチャ
あと
胃潰瘍《いかいよう》の
治療も
受けるように
いわれたん
ですけど…
う〜ん
それは
除菌が
終わってからで
いいんじゃない
かなー
ピロリ菌の
薬は
胃潰瘍の
治療にも
いいんで

あっ
先生
先生！
オレも
検便の結果で
ピロリ菌がいるって
いわれたんで
除菌したいんス
けど
胃の
内視鏡検査は
受けまし
た？
それが
血圧高すぎて
受けられなくて
危ないから
ダメだって
えっ
そんなに
高かった!?
なんか
こんなに高いの
初めてだって
いわれ
ちゃって
エヘヘ
一応ねー
胃の中の状態を
見てからじゃ
ないと
ダメなんですよ
えっ
だから
まずは
血圧を下げて
もらって
内視鏡検査を
受けていただか
ないと
そしたら
除菌
できるんで
そんな〜〜〜
とりあえず
ちゃちゃっと
薬飲んじゃう
わけには
いかないいん
ですか？
お願い
しますよ〜
ダメです！
た♪あ

1週間
朝晩忘れずに
飲んでくださいね
調剤 薬
お大事に
ちぇっ
いいなー
オレも
ピロリ菌
除菌してーよ!!
だからー!!
アキオしゃんも
もう
血圧下げる
薬を
飲むしかない
んだよ!
覚悟
決めなよ!!
……
とにかく
おまえが
ガンじゃ
なくて
よかったな!!
また話
そらす〜〜〜!
おまえが
ガンじゃないなら
オレもなんとか
元気に長生き
しねーとな
まだまだ
一緒に
がんばらねーと
血圧下げる
薬
飲むよ
明日病院へ
行ってくる

22.
覚悟、水となる
人間は死ぬことがわかっているから懸命に生きなければならない
人間ドックで血圧が高すぎて胃カメラ検査が受けられずピロリ菌の除菌はできないといわれたアキオは——
先生オレ覚悟決めました!
高血圧の薬飲みます!!
大野循環器
ついに高血圧の治療を受けるためにかかりつけのクリニックへ!
う〜ん
高血圧もですが…
悪玉コレステロール値も高いですねえ
あーなんか人間ドックの病院でもそんなこといってたな〜
ちょっと高いとかなんとか
ちょっとどころじゃないですよ
かなり高いです!
血圧よりむしろこっちのほうが心配です!!
はははあ…

血圧を下げる薬と一緒にコレステロールの薬も飲みましょう！
コレステロールのほうは食いもんでどーにかならないスかね？
オレ人間ドックのあと毎日野菜ばっか食ってんスよ
お前はウサちゃんかってくらいに
ここまで高いってことは遺伝による体質だと思うので薬じゃないと下がらないと思います
きっぱり
コレステロールの薬のほうは副作用として筋肉痛《きんにくつう》のような症状が出ることがあるんですが――
カチャ
カチャ
まあ数千人にひとりいるかどうかの確率なので大丈夫でしょう
何か変だなと思ったら連絡ください
2週間分の薬出しますから2週間後にまたきてください
はい…
ただいまー
どうだった？
バタバタ
バタン
どうもこうもねえよ
血圧だけじゃなくコレステロールの薬も出されちまった
こんなにたくさん!!
ドサッ
毎日こんなたくさん薬を飲まなきゃいけねーなんて一気にじーさんになっちまった気分だぜ
ヨボヨボ
はあ

ピーーッ
う～ん
なんかあんまり変わんねーなー
上が153で下が89…
ベリベリ
今日で薬飲みはじめて1週間だっけ？
これからじわじわ効いてくるのかもよ
せっかく薬飲んでるんだからもっと劇的に効いてくれよ！
なにもたもたしてんだよ！
が2週間後
たしかにあまり下がってませんねー
今日から薬を変えてみましょう
薬を変えたとたん
ピーーーッ
おーーっ
今朝は132に76だ！
128に70！
113に62!!
オレもはや低血圧じゃね!?
めきめきと効果があらわれたのだ!!

さらに2週間後のクリニックでの血液検査でも
あーいいですね！
悪玉コレステロールの値が基準値まで下がってます！
降圧剤もコレステロールの薬もしっかり効いてます！
このまま続けましょう！
はい!!
が…
コーヒーはいったよー
痛ててて…
ひょこひょこ
どうしたの？
太ももの裏側が…
痛ててて
最近ずっと痛いんだよ
ゆうべも痛くて夜中に目がさめちまって
痛て～
なんともなってないけど…
この辺？
この辺？
もみもみ
ん～～～
痛て～

なんだろな？
筋肉痛かな？
なんか運動した？
なんにも
じゃ違うよ
ぐいぐい
痛いのどのくらい続いてるの？
もう4日くらいかな…
はっ
たしかコレステロールの薬筋肉痛みたいな副作用があるっていってたよね
カチャカチャ
ああ
すすすす
ふむふむ
えっ
ええっ!?
ねぇ最近おしっこ茶色くない!?
あーそーいえば茶色いな
それがどーした？
さすさす
それ横《おう》紋《もん》筋《きん》融《ゆう》解《かい》症《しょう》だよ!!

コレステロールの薬の副作用で筋細胞が溶けたり壊死《えし》したりするんだよ！
腎不全《じんふぜん》起こしたり命の危険があるって!!
ただちに薬の服用をやめてすぐに医者にいけって書いてあるよ！
けど副作用は数千人にひとりっていってたぜ
まさか～
アキオしゃんはその数千人にひとりなんだよ!!!
薬をやめてすぐに痛みはおさまったがその後の血液検査の結果は――
悪玉コレステロールの値は213…
以前より悪いです
え～ん
数千人にひとり…
オレって選ばれし男なんだなー

23.
全部、盲腸のせい!?
死を考えることから何か解放されるものがある
心臓病に高血圧さらには悪玉コレステロールとも日々闘っているアキオであるが…
痛《いて》てて
また盲腸痛いの?
まじでやべーかも
最近しょっちゅう痛くなるんだよ
目下の問題は盲腸である
病院いきなよ〜
腹膜炎《ふくまくえん》起こしたら大変だよ
そんなこといったってこんなコロナの真《ま》っただ中で病院なんか怖くていけねーよ
コロナに感染して死んじまったらどーすんだよ
オレは持病持ちの高齢者なんだぜ
私のお母さんは盲腸で腹膜炎起こして死にかけたんだよ! 盲腸あなどったら命取りになるよ!

その夜
痛《いた》たたた
お腹《なか》痛い…
えっ おまえも腹痛《い》てーのか？
おまえの胃 ピロリ菌の薬飲んだのに ちっともよくなってねーな
大丈夫か？
寝てたら治ると思うよ
おー
が 痛みはじょじょにひどくなり――
なんか お腹全体が痛くなってきた
ゔ〜〜っ
これ胃潰瘍の痛みじゃないかも…
救急車呼ぶか!?
そこまでひどくないから朝まで待つよ
朝の4時に救急車呼ぶの近所迷惑だし…
けど 病院始まるまで5時間もあるぞ
ガマンできるか？
ハァ ハァ ハァ
5時間…

これから
車で
救急外来に
いく！
いいな!!
すぐに
かかりつけの病院の
救急外来に
電話するが…
そうですか…
朝まで
待てって
いわれた…
なんだ
そりゃ!?
なんのための
救急外来
だよ!!
ばっ
よこせ！
オレが
探す!!
ピポ
ピポパ
ピポ
ピポ
コロナのせいなのか
何軒かに
断られた末に――
おい
見つかったぞ！
早く
支度しろ!!

朝5時半に
地域で一番大きな
公立病院に到着
救急外来
すぐに採血や触診
造影CTなどの
検査が行われ――
ここは？
痛い〜!!
盲腸
ですね
盲腸…？
おまえが!?
私が!?
盲腸は
薬でおさえる方法も
ありますが
ホッタさんの場合は
かなり危ない状態なので
今すぐに手術したほうが
いいと思います！
よっ
よろしく
お願い
します!!
9時に
手術開始となった

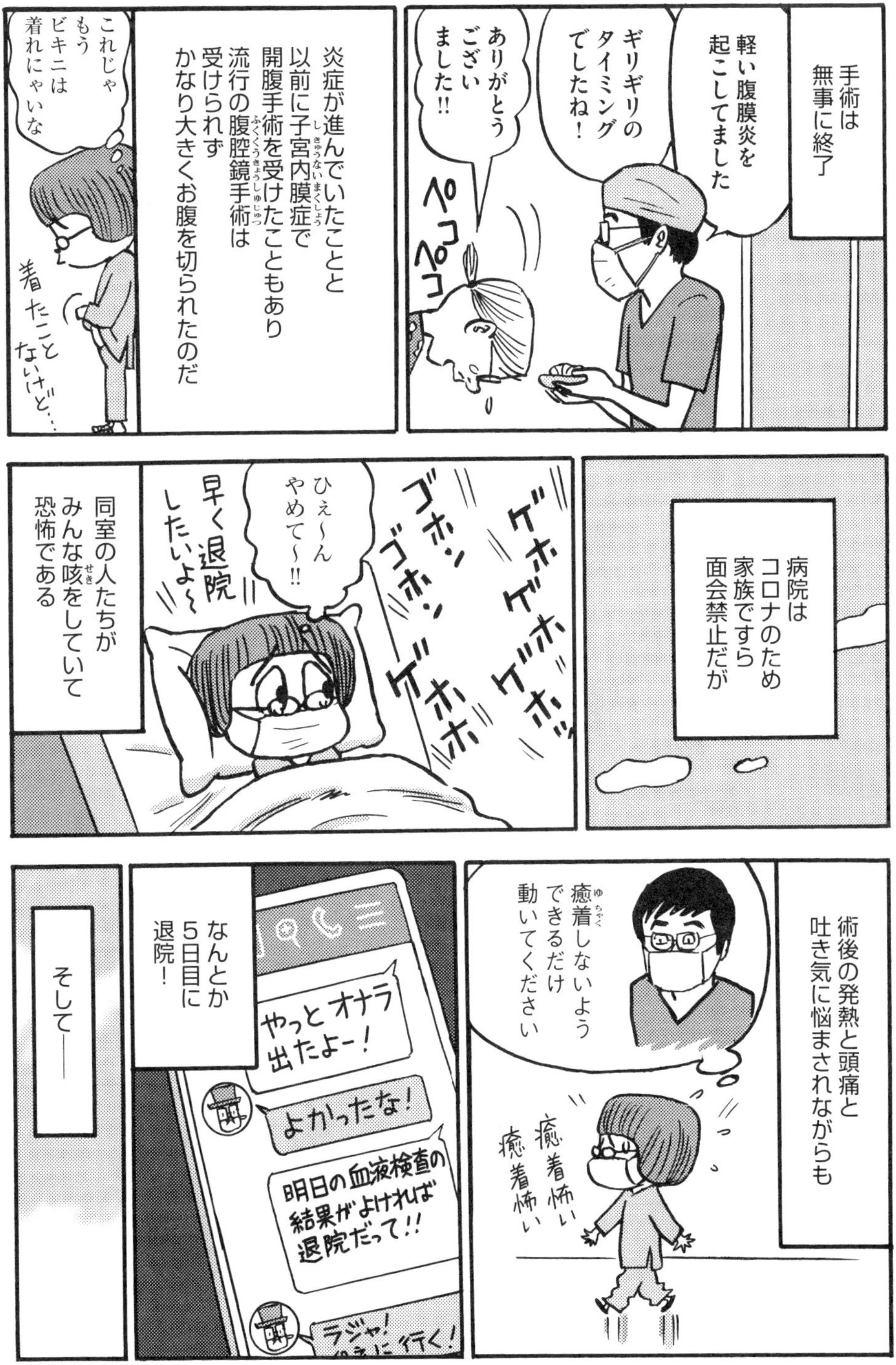
手術は無事に終了
軽い腹膜炎を起こしてました
ギリギリのタイミングでしたね！
ありがとうございました!!
ペコペコ
炎症が進んでいたことと以前に子宮内膜症《しきゅうないまくしょう》で開腹手術を受けたこともあり流行の腹腔鏡手術《ふくくうきょうしゅじゅつ》は受けられずかなり大きくお腹を切られたのだ
これじゃもうビキニは着れにゃいな
着たことないけど…
病院はコロナのため家族ですら面会禁止だが
ゲホゲホゲホッ
ゴホンゴホンゲホホ
ひえ～んやめて～!!
早く退院したいよ～
同室の人たちがみんな咳《せき》をしていて恐怖である
術後の発熱と頭痛と吐き気に悩まされながらも
癒着《ゆちゃく》しないようできるだけ動いてください
癒着怖い癒着怖い
なんとか5日目に退院！
やっと オナラ出たよー！
よかったな！
明日の血液検査の結果がよければ退院だって!!
ラジャ！迎えに行く！
そして——

盲腸をとってから カヨの胃の調子は すっかりよくなり――
もぐ もぐ
おまえ 胃はもう 大丈夫なのか？
吐き気は？
ぜんっぜん!!
もぐ もぐ
もしかして 私の胃痛も 吐き気も 胃潰瘍や ピロリ菌のせい じゃなく 盲腸のせい だったのかも!!
ニャハハハ
やばい 食欲が 止まんない よ〜〜〜!!
太る〜！
でも うまい〜！
……
ガツガツ
気がつけば コロナのステイホームも あいまって あっという間に 6kg増《ぞう》!!!
カムバック 胃痛〜!! カムバック 吐き気〜!!
ところで―― なぜか アキオの盲腸の痛みは カヨの手術後 すっかり消えたのであった
オレの盲腸は どこにいっちゃっ たんだろーな？
不思議 だねー
もぐ もぐ

カヨのコラム③ 一番大切なことは

高齢者施設をやっている知人にいわれたことで、グサリと胸に刺さった言葉がある。

「老活・終活もいいけど、今あなたたちが一番やらないといけないことは、健康寿命を少しでも延ばすことよ！」

少しでも安心で豊かな老後を過ごすために、あれこれ考え準備をするわけだが、途中、病気で寝たきりにでもなれば、人生の予定はすべて狂い、準備はおじゃんになってしまう。老活は、健康であればこそ、なのだ。もちろん、寿命ギリギリまでそこそこ健康で、人生を楽しみ切って去っていく人たちも多くいる。しかし、一日中、机・食卓・ベッドの間をウロウロするだけの生活をしている、圧倒的に運動不足な漫画家夫婦にとっては、それはかなり難しいことだろう。

知人の言葉を聞いて、まずは自分たちの健康状態を知っておこう、と意を決して人間ドックを受けてみた。結果は、漫画のとおり、惨憺《さんたん》たるものだった。

とくにアキオは、このままでは命に関わる病気になる可能性もある、と医師にいわれ、さすがにどうにかしないと！　と慌てふためいたのだが……長く染み付いた生活習慣・食生活はなかなか変えられずにいた。

人間ドックを受けてほどなくしてコロナが始まり、その中で私が盲腸の手術を受けたのだが、盲腸を取って胃が元気になったせいか、コロナで引きこもり生活になったせいか（たぶん両方）むくむくと太りつづけ、気がつけば10kg近くも増加してしまったのだ。

これはいくらなんでもひどすぎる、とダイエットを決心。アキオも一緒にやるべし！　と半ば強制的に引きずり込み、食生活の見直しをすることにした。

ネットであれこれ調べて、栄養不足にならないように気をつけながら自己流ダイエットを続けた結果、アキオの血圧がぐんぐん低下！　今では降圧剤を飲まずに過ごせている。おまけに悪玉コレステロールや脂肪肝の数値もかなり改善され、何よりすごいのは、なんと10kgも体重が減ったのだ！　すごい！

これで健康寿命が延ばせたのかどうか私たちにはわからないが、それでも今の段階でこの状態になれたことは良かったと思う。あと必要なのは運動だろう。早くコロナが終わって外を元気に歩き回りたいものだ。

……え？　わ、私ですか？　えーと。毎日アキオと同じものを食べ、量はアキオよりずっと少ないのに、なぜかさらに太りました。

いや、ほんと、なんで……？

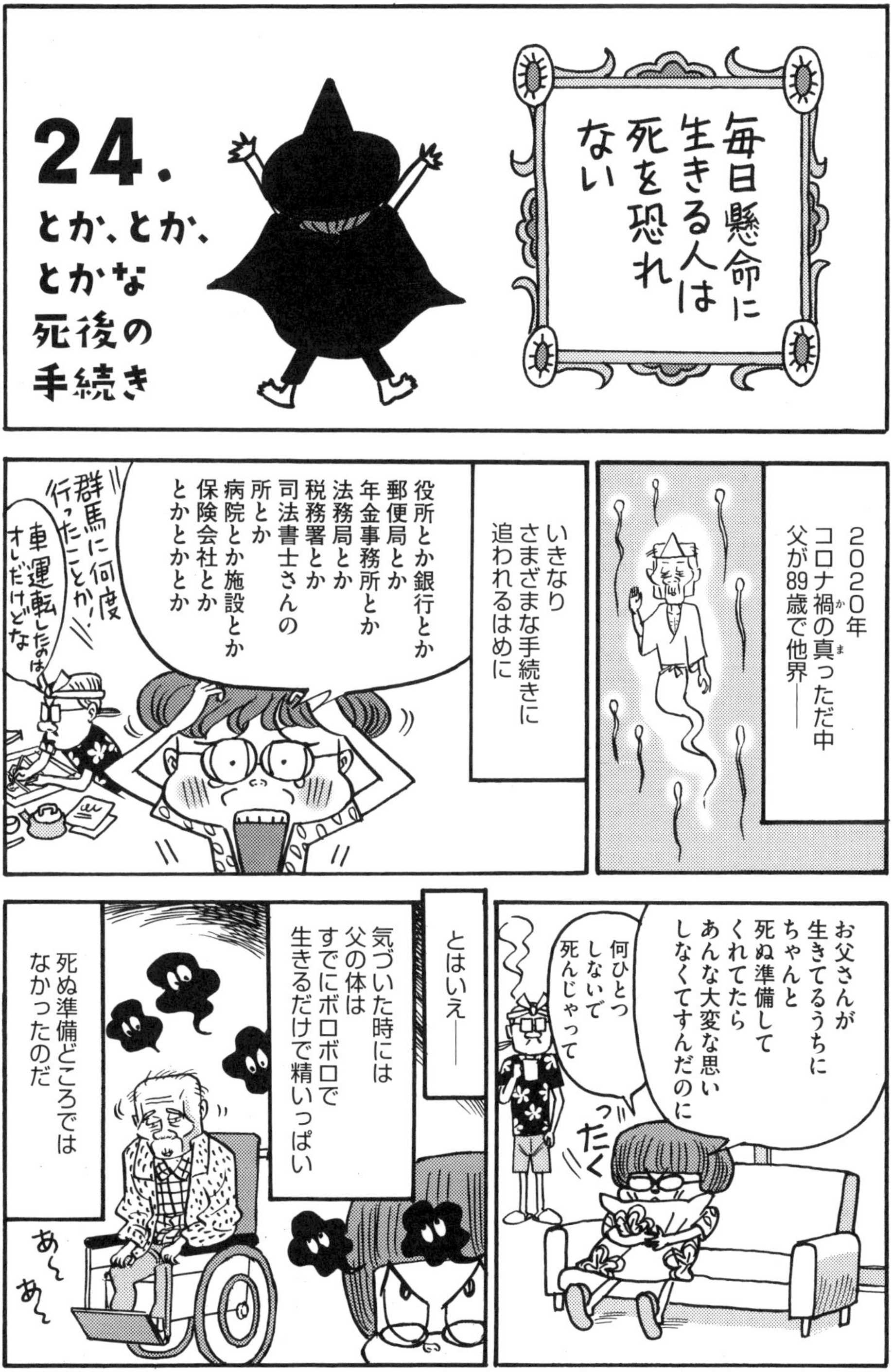
24.
とか、とか、とかな死後の手続き
毎日懸命に生きる人は死を恐れない
2020年
コロナ禍《か》の真《ま》っただ中
父が89歳で他界――
いきなりさまざまな手続きに追われるはめに
役所とか銀行とか郵便局とか年金事務所とか法務局とか税務署とか司法書士さんの所とか病院とか施設とか保険会社とかとかとかとか
群馬に何度行ったことか!
車運転したのはオレだけどな
お父さんが生きてるうちにちゃんと死ぬ準備してくれてたらあんな大変な思いしなくてすんだのに
何ひとつしないで死んじゃって
ったく
とはいえ――
気づいた時には父の体はすでにボロボロで生きるだけで精いっぱい
死ぬ準備どころではなかったのだ
あ〜あ〜

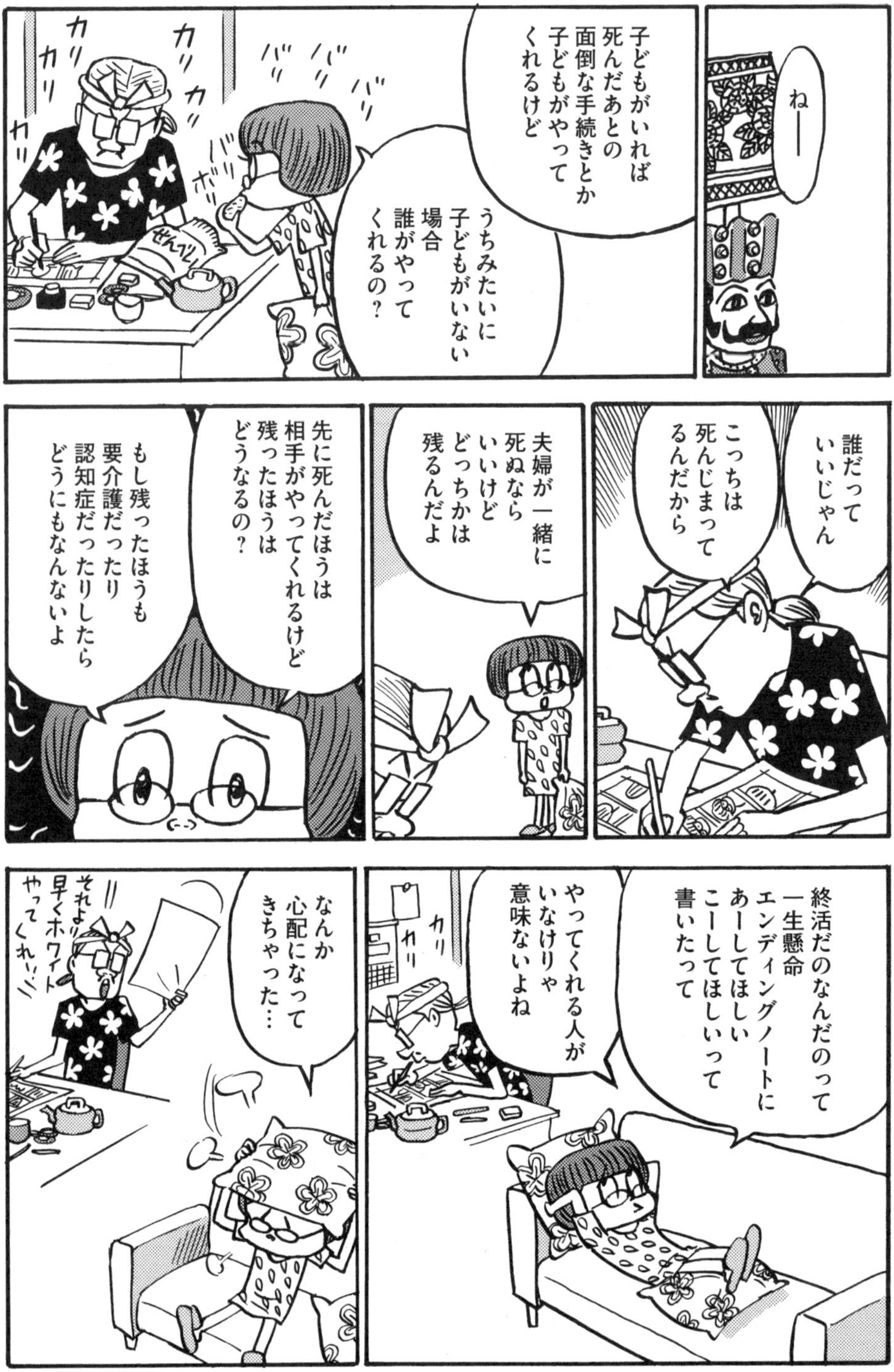
ね――
子どもがいれば死んだあとの面倒な手続きとか子どもがやってくれるけど
カリ
カリ
カリ
カリ
カリ
バリ
バリ
バリ
バリ
ボリ
うちみたいに子どもがいない場合誰がやってくれるの？
誰だっていいじゃん
こっちは死んじまってるんだから
夫婦が一緒に死ぬならいいけどどっちかは残るんだよ
先に死んだほうは相手がやってくれるけど残ったほうはどうなるの？
もし残ったほうも要介護だったり認知症だったりしたらどうにもなんないよ
終活だのなんだのって一生懸命エンディングノートにあーしてほしいこーしてほしいって書いたって
やってくれる人がいなけりゃ意味ないよね
カリ
カリ
なんか心配になってきちゃった…
それより早くホワイトやってくれ!!

しごじむいにん…？
死後事務委任契約！
ネットで調べたんだよ
頼れる人間がまわりにいない人が自分の死後にいろいろ手続きとか片づけとかしてもらうためにに生前に契約しておくんだって！
さっそく行政書士の無料相談にいってみることに
行政書士
なんでオレまで〜
ブツブツ
今は40代50代のご契約者が多いんですよ
親を送って自分のことが心配になるんですね
なるほど

死後事務委任契約でできることはかなりあるという

・亡くなった場所への駆けつけ
・遺体搬送手配
・死亡届の作成と提出
・葬儀や納骨など
・遺産や債務の整理や分配
・行政関係の諸手続き
・入院費や施設使用料の精算
・住居内の片づけや形見分け
・公共料金の解約や清算
・税金の精算
・インターネット上のホームページやSNSなどへの死亡告知や閉鎖・解約・退会処理
・親族等への連絡

などなど

こんなにいろいろやってもらえるんだ!
すごーい!
費用はどのくらいかかるんスか?
内容によって大きく変わります
業者によってはまず最初に100~150万円ほどの預託金が必要になりますが
うちはお預かりしません
うちではまず遺言書を作っていただき「死亡後に遺産の中から清算する」と遺言で指示することで預託金は不要となります
遺言書
最初のご契約時にはこの遺言書作成と契約書作成に30~40万円かかります
その後の執行費用としましては
先ほどの項目をほぼすべて行うとざっと250~300万円くらいになります
げっ
高《たか》っっ!!
うちにそんな金ねーだろ
ヒソヒソ
けど最後家を売ってもらうことにすれば…

それから——
どちらかが死んだ時
残ったほうが高齢で
何もできなかったり
認知症だったら
どうなるのか…
実は
それが一番
心配で…
原則はあとから
亡くなったかたの
死後処理をする
ための
契約ですが——
残されたかたの
要請があれば
必要な死後処理を
行うことができます
大切なパートナーが
亡くなられた
ショックの中
いろいろな手続きを
ひとりで行うのは
大きな負担に
なりますから
ガラン
私たちのサポートで
少しでも負担を
軽くできたらと
思っています
話聞いて
どうだった？
プチッ
コーヒー
かなりお金は
かかるけど
契約しておけば
安心だなって
思った
何も心配せずに
老いぼれられそう

まあ人間誰しも絶対に死ぬわけだ
死ぬのはたしかなんだから生きてるうちに準備しといたほうがいいってことはわかってんだよ
ゴクゴク
わかっちゃいるけどさ～
ただ死ぬためにそこまで金かけんのもな～
その金でたった一度の人生楽しんだ方がいいんじゃね？
おまえは根性あるから年とってもなんとかなると思うぞ
きっと大丈夫だって!
あのさ
私はアキオしゃんが残った時のことを心配してるんだよ
へ？
私が死んだあとアキオしゃんひとりでいろんな手続きできる？
いくら私のほうが若くたって先に死ぬこともあるんだよ
えーっそんなの困るよ～!!

25. 「終活」は誰のためにある？

生老病死の四苦ー釈尊はついに死を克服したという
再び断捨離中――
どさっ
おーっ
なつかしい写真が出てきた！
何？見せて見せて！
ひゃーーーっ
アキオしゃん若い～！
これいくつくらい？
26か27くらいかな
毎晩六本木《ろっぽんぎ》でブイブイいわせてた頃
ブイブイって久しぶりに聞いたよ…

オレってこんなにカッコよかったのか
しみじみ
忘れてたぜ
若くて未来には希望しかなくて
自分が老いるとか死ぬとか考えたこともなかった
気持ちはあの頃とあんまり変わってねーのにな
ひらっ
気がつきゃもう高齢者だってよ
ガラッ
人生ってあっという間だな…
なー
明日鎌倉《かまくら》いかねー?
え?

久しぶりだねー鎌倉！
何年ぶりだろ？
前はよくきたよな
ザザーン
私たちの初デートも鎌倉だったよね
オレがこんなに年とるなんてなー
プープー
長生きしたとしてもあと20年――
元気でいられるのはせいぜいあと10年か
残り時間あんまりねーな
だから終活してるんだよ
あそっか
私たちさー

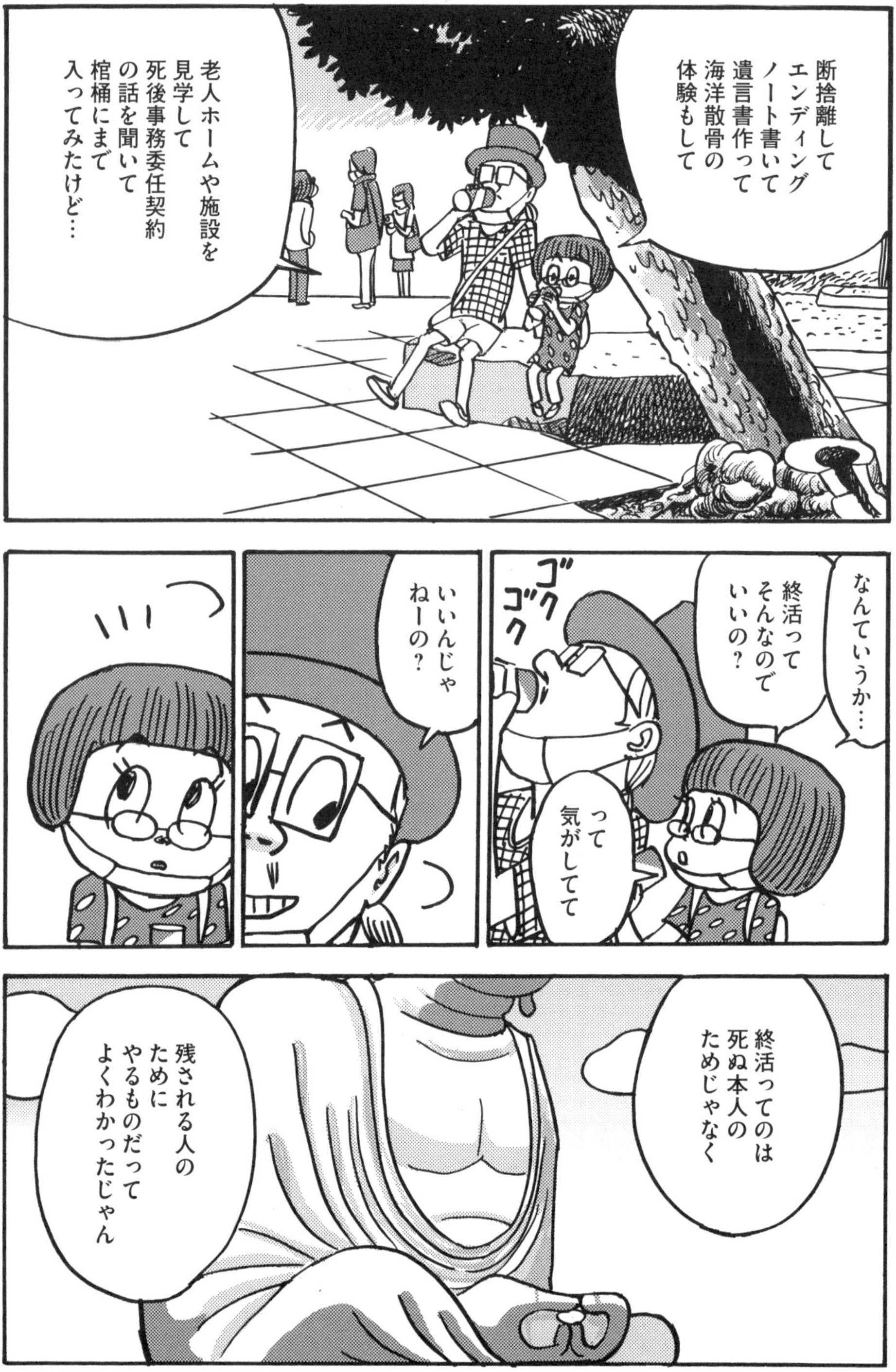

断捨離して
エンディング
ノート書いて
遺言書作って
海洋散骨の
体験もして
老人ホームや施設を
見学して
死後事務委任契約
の話を聞いて
棺桶にまで
入ってみたけど…
なんていうか…
終活って
そんなので
いいの？
ゴクゴク
って
気がしてて
いいんじゃ
ねーの？
終活ってのは
死ぬ本人の
ためじゃなく
残される人の
ために
やるものだって
よくわかったじゃん

じゃあ自分のためにはどんな準備したらいいのかな
本人は死んじまうんだから準備なんかいらねーだろ
ものも金も思い出も何ひとつあの世には持っていけねーんだもの
それにオレはこんな死に方がいいこう送ってほしいなんて自己主張して死んでいくのは性《しょう》に合わねーし
ポンポン
たっ

死ぬ準備なんかより
大切なのは死ぬその時までどう生きるかじゃねーの？
残された時間を大切に一生懸命生きること――
仏様《ほとけさま》って何を悟ったんだろうね
ね～っ鳩サブレー買って帰ろーよ
誰のためでもない自分にとって「いい死」を迎えるために

あとがき

親の介護ができてよかったなと思っています。

ずいぶん大変ではありましたが、自分たちの老いと死を迎える予行演習ができました。

違うのは、親には面倒を見てくれる子どもたちがいて、私たちにはいないこと。

私たちは親のようには老後は生きられないだろう。ではどうしたらいい？　と心配になり、いろいろ考え、ジタバタしたことが、この作品になりました。

いろいろ考えたといっても、まだまだ先の話、という気持ちがどこかにあって、やはりそう切実には考えられなかったように思います。

今の私たちの「老活」「終活」はこんな形になりましたが、この先、5年後10年後、もっと切羽詰まった年齢になると、もっと違う気持ち、違う話になるんでしょう。

これから私たちの老いや死に対する気持ちや向き合いかたがどう変化していくのか、私たちも楽しみです（ちょっと怖い気もします……）。

「老活」「終活」はしたほうがいいのか、しなくてもいいのかわかりませんが、自分の人生の先々を考えることは、自分について、過去も現在も含めて改めて見つめることになり、これからを生きていく上で決して無駄にならないはずです。

考えた上で、老活終活クソくらえ！　というのもありですよね。

それでも、あなたの後に残される人がいるのなら、その人のために大切なものを遺してあげてほしいと思ってしまいます。

連載の途中からコロナが始まってしまい予定していた取材ができなくなり、なんとも困り果てましたが、どうにかこうにかここまでこぎつけることができました。

ずっと私たちの担当をしてくださっている編集者の村田さんには、アドバイスも含め、何から何まで本当にお世話になりました。ここで改めてお礼申し上げます。

そして何より、この本を手に取り、読んでくださった読者のみなさまに心より感謝申し上げます！

この作品が、私たちのような子どものいないご夫妻、または独身のかた、もしくは子どもに迷惑をかけたくない、頼りたくないとお考えのご夫妻のかたたちに、何か少しでもお役に立てたら何よりうれしいです。

まずは今この時を、悔いなく楽しく豊かに生ききりましょう！

それが一番の「老活」「終活」なんだと信じて。

2021年9月　堀田あきお＆かよ

［初出一覧］
『本当にあった笑える話』
2018年11～12月号
2019年1～12月号
2020年1～9月号
2021年6～7月号
※本書は上記作品に描き下ろしを加え、構成したものです。

おふたりさま夫婦、老活はじめました。

～どうなる!? 私たちの老後～

2021年9月20日初版第一刷発行

著者　堀田《ほった》あきお&かよ

発行人　今 晴美

発行所　株式会社ぶんか社
〒102-8405　東京都千代田区一番町29-6
TEL 03-3222-5125（編集部）
TEL 03-3222-5115（出版営業部）
www.bunkasha.co.jp

装丁　川名 潤

印刷所　大日本印刷株式会社

ISBN978-4-8211-4577-5